실력이 쑥쑥, 베트남 학생과 함께하는 한국어 글쓰기

임태운
한승규

박영사

서문

 안녕하세요, '실력이 쑥쑥, 베트남 학생과 함께하는 한국어 글쓰기'를 통해 한국어를 배우려는 멋진 도전을 시작한 베트남 학생 여러분! 이 책은 여러분이 한국어로 더욱 자연스럽고 자신감 있게 글을 쓸 수 있도록 돕기 위해 만들어졌어요. 한국어 글쓰기가 어렵게 느껴질 수도 있지만 이 책과 함께라면 한 걸음 한 걸음 재미있게 배울 수 있을 거예요!

 한국어와 베트남어는 문장의 순서도 표현 방식도 꽤 다르답니다. 하지만 걱정할 필요 없어요. 이 책에서는 두 언어의 차이를 쉽게 이해할 수 있도록 체계적으로 설명하고 실생활에서 바로 사용할 수 있는 유용한 표현도 가득 담았습니다. 또한 여러분이 격식 있는 글쓰기를 마스터할 수 있도록 다양한 내용과 예문을 준비했어요.

 책의 구성은 다음과 같습니다. 첫째, 한국어와 베트남어의 문장의 차이를 설명하며 한국어의 문장을 정확히 이해하도록 했어요. 둘째, 실용문을 작성하여 여러분이 일상생활에서 자주 접하는 다양한 주제에 대해 효과적으로 표현할 수 있도록 했어요. 셋째, 학생이 공부하면서 활용할 수 있는 다양한 자료를 분석하고 표현하는 방법을 익히도록 했어요. 넷째, 설명문을 구조적으로 작성할 수 있도록 논리적인 전개 방식을 학습할 수 있어요. 다섯째, 주장하는 글을 체계적으로 쓸 수 있도록 근거를 명확히 제시하는 방법을 배울 수 있도록 했어요.

 '실력이 쑥쑥, 베트남 학생과 함께하는 한국어 글쓰기'가 여러분의 한국어 실력이 꾸준히 쌓이는 데 큰 도움이 되기를 바랍니다. 배우는 과정이 쉽지만은 않겠지만 하나씩 차근차근 따라오다 보면 어느새 글쓰기 실력이 부쩍 늘어 있는 자신을 발견하게 될 거예요!

자, 그럼 한국어 글쓰기의 멋진 여정을 함께 시작해 볼까요? 여러분의 도전을 응원합니다!

저자 임태운·한승규

| Lời nói đầu

Xin chào các bạn học sinh Việt Nam đang bắt đầu hành trình thú vị để học viết tiếng Hàn qua giáo trình 'Thực lực tăng vọt, cùng học viết tiếng Hàn với học sinh Việt Nam'! Quyển giáo trình này được biên soạn nhằm giúp các bạn viết tiếng Hàn một cách tự nhiên và tự tin hơn. Có thể các bạn sẽ cảm thấy việc viết tiếng Hàn là khó khăn, nhưng với cuốn sách này, các bạn sẽ cảm thấy thú vị khi từng bước chinh phục kỹ năng khó này.

Tiếng Hàn và tiếng Việt có sự khác biệt đáng kể về trật tự câu cũng như cách diễn đạt. Tuy nhiên, đừng lo lắng! Giáo trình này được thiết kế để giúp các bạn hiểu rõ những khác biệt đó một cách dễ dàng và cung cấp nhiều biểu đạt hữu ích có thể áp dụng ngay trong cuộc sống hàng ngày. Bên cạnh đó, giáo trình còn có nhiều nội dung và ví dụ thực tế để giúp các bạn làm chủ kỹ năng viết một cách trang trọng và chuẩn xác.

Nội dung giáo trình được sắp xếp như sau:

Phần thứ nhất giải thích sự khác biệt giữa câu tiếng Hàn và tiếng Việt, giúp các bạn hiểu chính xác cấu trúc câu trong tiếng Hàn.

Phần thứ hai sẽ hướng dẫn cách viết văn bản thực dụng để các bạn có thể diễn đạt hiệu quả các chủ đề thường gặp trong cuộc sống hàng ngày.

Phần thứ ba sẽ giúp các bạn phân tích và biểu đạt các dạng tài liệu khác nhau để có thể áp dụng khi học tập.

Phần thứ tư sẽ hướng dẫn cách viết bài giải thích một cách logic để các bạn nắm vững cách triển khai bài viết một cách logic.

Phần thứ năm sẽ hướng dẫn cách viết bài lập luận một cách có hệ thống, biết cách trình bày lý lẽ một cách rõ ràng và thuyết phục.

Chúng tôi hy vọng quyển giáo trình 'Thực lực tăng vọt, cùng học viết tiếng Hàn với học sinh Việt Nam' sẽ là một công cụ hữu ích giúp các bạn nâng cao kỹ năng tiếng Hàn một cách vững chắc. Quá trình học tập có thể không dễ dàng, nhưng nếu các bạn kiên trì học từng bước một, các bạn sẽ sớm nhận thấy kỹ năng viết của mình được cải thiện đáng kể!

Nào, chúng ta hãy cùng nhau bắt đầu hành trình tuyệt vời với tiếng Hàn nhé! Chúng tôi luôn ủng hộ sự nỗ lực của các bạn!

Tác giả: Lim Tae Woon · Han Seung Kyu

| 차례

설명을 위한 글쓰기
Loại bài viết giải thích

주장을 위한 글쓰기
Loại bài viết lập luận

I

문장의 이해
Hiểu câu văn

Ⅰ 문장의 이해
Hiểu câu văn

01 문장 구조 (Cấu trúc câu)

베트남어와 한국어는 문장 구조에서 큰 차이를 보인다. 베트남어는 '주어(S) – 서술어(V) – 목적어(O)' 순서로 구성된다. 그러나 한국어는 '주어(S) – 목적어(O) – 서술어(V)' 순서로 문장을 만든다. 이러한 차이는 베트남인 한국어 학습자가 글쓰기를 할 때 꼭 알아야 할 중요한 요소이다.

1 베트남어 문장 구조(SVO)

베트남어는 '주어(S) – 서술어(V) – 목적어(O)' 구조로 이루어진다. 즉 동작이나 상태를 나타내는 서술어(동사)가 주어 바로 뒤에 위치하고 그 뒤에 목적어가 온다.

> Tôi ăn cơm.
> 나는 밥을 먹는다.

이 문장에서 'Tôi(나)'가 주어이고, 'ăn(먹다)'이 서술어(동사), 'cơm(밥)'이 목적어이다. 동작을 나타내는 'ăn'이 주어 'Tôi' 뒤에 바로 위치한다.

② 한국어 문장 구조(SOV)

한국어는 '주어(S) – 목적어(O) – 서술어(V)' 순서로 구성된다. 한국어에서 서술어는 문장의 마지막에 위치한다. 또한 주어와 목적어의 역할을 나타내기 위해 조사가 사용되며 이를 통해 어순이 바뀌어도 의미가 정확히 전달된다.

나는 밥을 먹는다.
Tôi ăn cơm.

이 문장에서 '나'는 주어이고, '밥'이 목적어, '먹는다'가 서술어이다. 서술어 '먹는다'는 문장의 마지막에 위치한다. 주어와 목적어는 각각 조사 '는'과 조사 '을'을 통해 역할을 분명히 알 수 있다.

정리 (Tóm tắt)

1. 베트남어와 한국어는 어순이 완전히 다르다.
Tiếng Việt và tiếng Hàn có trật tự từ hoàn toàn khác nhau.

2. 베트남어는 '주어-서술어-목적어' 순이다.
Tiếng Việt theo thứ tự 'chủ ngữ – vị ngữ – bổ ngữ'.

3. 한국어는 '주어-목적어-서술어' 순이다.
Tiếng Hàn theo thứ tự 'chủ ngữ – bổ ngữ – vị ngữ'.

---

1 주어 (Chủ ngữ)

① 베트남어의 주어

베트남어에서 주어는 문장의 맨 앞에 위치하며 주로 사람이나 사물을 나타 낸다. 베트남어 문장에서는 주어를 특별히 구분하는 조사가 없고 어순을 통해 주어의 역할을 알 수 있다.

> Tôi ăn cơm.
> 나는 밥을 먹는다.

여기서 'Tôi(나)'가 주어이다. 단어의 위치를 통해 주어임을 알 수 있다.

② 한국어의 주어

한국어는 주어를 '이/가' 또는 '은/는'과 같은 조사로 알 수 있다. 이 조사는 문장의 주어를 확실하게 알 수 있는 중요한 요소이다. 이것이 베트남어와의 큰 차이점이다.

> 나는 밥을 먹는다.
> Tôi ăn cơm.

'나'가 주어이며, 조사 '는'을 통해 '나는'이 주어임을 알 수 있다.

정리 (Tóm tắt)

1. 베트남어는 어순을 통해서 주어를 찾을 수 있다.
Tiếng Việt có thể tìm chủ ngữ thông qua trật tự từ.

2. 한국어는 조사 '이/가/은/는'을 통해 주어를 찾을 수 있다.
Tiếng Hàn có thể tìm chủ ngữ thông qua các trợ từ '이/가/은/는'.

2 서술어 (Vị ngữ)

1 베트남어의 서술어

베트남어에서 서술어는 주어 바로 뒤에 나타난다. 주로 동사나 형용사, '이다(là)'가 서술어 역할을 한다. 베트남어의 동사와 형용사는 형태가 변하지 않기 때문에 시제나 상태를 나타낼 때 시간을 나타내는 단어를 사용하여 표현한다.

동사	현재 시제	Tôi ăn cơm. (나는 밥을 먹는다.) 'ăn(먹다)'는 현재 시제임을 나타내며 형태 변화가 없다.
	과거 시제	Tôi đã ăn cơm. (나는 밥을 먹었다.) 'đã'를 사용하여 과거임을 나타내며, 'ăn'의 형태는 변화가 없다.
	미래 시제	Tôi sẽ ăn cơm. (나는 밥을 먹을 것이다.) 'sẽ'를 사용하여 미래임을 나타내며, 'ăn'의 형태는 변화가 없다.
형용사	현재 시제	Hôm nay trời đẹp. (오늘 날씨가 좋다.) 'đẹp(좋다)'은 현재 상태를 나타내며, 형태 변화가 없다.
	과거 시제	Hôm qua trời đã đẹp. (어제 날씨가 좋았다.) 'đã'를 사용하여 과거임을 나타내며, 'đẹp'의 형태는 변화가 없다.
	미래 시제	Ngày mai trời sẽ đẹp. (내일 날씨가 좋을 것이다.) 'sẽ'를 사용하여 미래임을 나타내며, 'đẹp'의 형태는 변화가 없다.

이다 (là)	현재 시제	Tôi là sinh viên. (나는 학생이다.)
		'là'를 사용하여 현재 상태를 나타내며, 형태 변화가 없다.
	과거 시제	Tôi đã là sinh viên. (나는 학생이었다.)
		'đã'를 사용하여 과거임을 나타내며, 'là'의 형태는 변화가 없다.
	미래 시제	Tôi sẽ là sinh viên. (나는 학생이 될 것이다.)
		'sẽ'를 사용하여 미래임을 나타내며, 'là'의 형태는 변화가 없다.

② **한국어의 서술어**

한국어에서는 서술어가 문장의 끝에 위치하며 동사와 형용사, '이다'가 서술어 역할을 한다. 한국어는 동사와 형용사의 기본형에 변화를 주어 시제(과거, 현재, 미래)를 나타낼 수 있다. 시제에 따라 형태가 달라진다.

동사	현재 시제	나는 밥을 먹는다. (Tôi ăn cơm.)
		동사 '먹다'가 '먹는다'로 바뀌어 현재 시제를 나타낸다.
	과거 시제	나는 밥을 먹었다. (Tôi đã ăn cơm.)
		동사 '먹다'가 '먹었다'로 바뀌어 과거 시제를 나타낸다.
	미래 시제	나는 밥을 먹을 것이다. (Tôi sẽ ăn cơm.)
		동사 '먹다'가 '먹을 것이다'로 바뀌어 미래 시제를 나타낸다.
형용사	현재 시제	오늘 날씨가 좋다. (Hôm nay trời đẹp.)
		형용사 '좋다'는 '좋다' 그대로 사용해 현재 시제를 나타낸다.
	과거 시제	어제 날씨가 좋았다. (Hôm qua trời đã đẹp.)
		형용사 '좋다'는 '좋았다'로 바뀌어 과거 시제를 나타낸다.
	미래 시제	내일 날씨가 좋을 것이다. (Ngày mai trời sẽ đẹp.)
		형용사 '좋다'는 '좋을 것이다'로 바뀌어 미래 시제를 나타낸다.
이다 (là)	현재 시제	나는 학생이다. (Tôi là sinh viên.)
		서술격 조사 '이다'는 '이다' 그대로 사용되어 현재 시제를 나타낸다.
	과거 시제	나는 학생이었다. (Tôi đã là sinh viên.)
		서술격 조사 '이다'가 '이었다'로 바뀌어 과거 시제를 나타낸다.
	미래 시제	나는 학생일 것이다. (Tôi sẽ là sinh viên.)
		서술격 조사 '이다'가 '일 것이다'로 바뀌어 미래 시제를 나타낸다.

> ### 📜 정리 (Tóm tắt)
>
> 1. 베트남어의 서술어는 주어 뒤에 온다. 한국어의 서술어는 문장 끝에 온다.
> Vị ngữ trong tiếng Việt đứng sau chủ ngữ. Trong tiếng Hàn, vị ngữ đứng ở cuối câu.
>
> 2. 베트남어는 시간을 표현할 때 동사나 형용사, '이다(là)' 앞에 'đã'와 'sẽ'와 같은 시간 부사를 사용한다. 한국어는 동사나 형용사, '이다'에 '-았/었-'이나 '-(으)ㄹ 것이다'를 붙인다.
> Tiếng Việt sử dụng các trạng từ thời gian như 'đã' và 'sẽ' trước động từ hoặc tính từ để biểu thị thời gian. Tiếng Hàn thêm '-았/었-' hoặc '-(으)ㄹ 것이다' vào động từ hoặc tính từ.

③ 목적어 (Tân ngữ)

① 베트남어의 목적어

베트남어에서 목적어는 서술어 뒤에 위치하며 목적격 조사가 따로 존재하지 않는다. 따라서 목적어의 역할은 문장 내의 어순을 통해 이해해야 한다. 이러한 이유로 단어의 순서가 문장의 의미 전달에 중요한 역할을 한다.

Tôi ăn cơm.
나는 밥을 먹는다.

여기서 'cơm(밥)'이 목적어이며, 동사 'ăn(먹다)' 뒤에 위치하여 동작의 대상을 나타낸다.

Tôi đọc sách.
나는 책을 읽는다.

'sách(책)'이 목적어이며, 동사 'đọc(읽다)' 뒤에 위치하여 동작의 대상을 알 수 있다.

베트남어는 어순에 따라 문장의 의미가 달라지므로 목적어의 위치가 매우 중요하다. 'Cơm tôi ăn.'과 같이 어순을 바꾸면 틀린 문장이 된다.

② 한국어의 목적어

한국어에서는 목적어가 동작의 대상을 나타내며 목적격 조사 '을/를'을 사용하여 표시된다. 이 조사를 통해 목적어임을 분명히 알 수 있다.

나는 밥을 먹는다.
Tôi ăn cơm.

여기서 '밥을'이 목적어이며, 목적격 조사 '을/를'을 사용하여 '밥을'이 동작의 대상임을 알 수 있다.

나는 책을 읽는다.
Tôi đọc sách.

'책을'이 목적어이며, 목적격 조사 '을'을 통해 동작의 대상임을 알 수 있다.

한국어는 목적격 조사를 통해 목적격임을 알 수 있기 때문에 주어와 목적어의 위치를 바꿀 수 있다.

밥을 나는 먹는다.
Tôi ăn cơm.

'나는 밥을 먹는다'와 어순이 다르지만 '을'로 '밥을'이 목적어임을 알 수 있다.

📜 정리 (Tóm tắt)

1. 베트남어는 어순을 통해 목적어를 알 수 있다.
Tiếng Việt có thể xác định tân ngữ thông qua trật tự từ.

2. 한국어는 '을/를'과 같은 조사를 사용하여 목적어를 나타낸다.
Tiếng Hàn sử dụng các tiểu từ như '을/를' để biểu thị tân ngữ.

---

④ 보어 (Bổ ngữ)

① 보어의 개념

보어는 동사나 형용사의 의미를 보충하는 역할을 한다. 보어는 주로 동작의 대상, 상태, 결과 또는 역할 변화를 나타내며 동사 뒤에 위치한다.

② 베트남어의 보어

베트남어에서는 'là', 'không phải là', 'trở thành'과 같은 표현 뒤에 오는 말이 주어의 상태와 변화를 나타낸다.

Anh ấy là bác sĩ.
그는 의사이다.

'bác sĩ(의사)'는 주어 'Anh ấy(그)'와 동사 'là(이다)'를 보충하여 주어의 상태를 설명한다.

Đây không phải là sách.
이것은 책이 아니다.

'sách(책)'은 주어 Đây(이것)와 동사구 'không phải là(아니다)'를 보충하여 주어의 상태를 부정한다.

Anh ấy trở thành bác sĩ.
그는 의사가 되었다.

'bác sĩ(의사)'는 주어 'Anh ấy(그)'와 동사 'trở thành(되다)'를 보충하여 주어의 상태 변화를 설명한다.

③ **한국어의 보어**

한국어에서 보어는 문장의 의미를 보충한다. 주어와 서술어만으로 설명이 부족할 때 '되다', '아니다' 앞에 올 수 있는 것이 보어이다.

그는 의사가 되었다.
Anh ấy trở thành bác sĩ.

'그는'은 주어이며 '되었다'는 서술어이다. '의사가'는 '되었다'를 보충한다.

이것은 책이 아니다.
Đây không phải là sách.

'이것은'은 주어이며 '아니다'는 서술어이다. '책이'는 '아니다'를 보충한다.

정리 (Tóm tắt)

1. 보어는 주어의 상태나 변화를 보충한다. 베트남어와 한국어 모두 'là, phải là, trở thành' 또는 '되다, 아니다' 같은 서술어와 결합한다.
Bổ ngữ bổ sung trạng thái hoặc sự thay đổi của chủ ngữ. Cả tiếng Việt và tiếng Hàn đều kết hợp bổ ngữ với các vị từ như 'là, phải là, trở thành' hoặc '되다, 아니다'.

2. 베트남어에서 보어는 동사 뒤에 위치하며 주어의 상태를 설명한다. 한국어에서는 보어가 '되다', '아니다'와 결합해 주어의 상태나 변화를 보충한다.
Trong tiếng Việt, bổ ngữ đứng sau động từ và giải thích trạng thái của chủ ngữ. Trong tiếng Hàn, bổ ngữ kết hợp với '되다' và '아니다' để bổ sung trạng thái hoặc sự thay đổi của chủ ngữ.

1 평서문 (Câu trần thuật)

평서문은 어떤 사실이나 의견, 상태를 전달하는 가장 기본적인 문장 유형이다. 베트남어와 한국어 모두 정보를 제공하거나 화자의 의도를 표현할 때 평서문을 사용한다. 그러나 두 언어의 표현 방식에는 차이가 있다.

1 종결어미 사용

베트남어 평서문에서는 종결어미가 없으며 '주어-서술어-목적어(SVO)'의 고정된 어순을 따른다.

> Anh ấy ăn cơm.
> 그는 밥을 먹는다.

한국어 평서문에서는 문장의 끝에 다양한 종결어미를 사용하여 화자의 감정, 태도, 정중함을 조절한다.

> 비가 온다.
> Trời mưa.

'-는다/-ㄴ다/-다'는 글에서 자주 사용하며 격식적인 표현을 나타낸다.

> 저는 책을 자주 읽습니다.
> Tôi thường xuyên đọc sách.

'-습니다/-ㅂ니다'는 대화에서 자주 사용하며 격식적인 표현을 나타낸다.

오늘 날씨가 좋아요.
Hôm nay thời tiết rất đẹp.

'-아/어요'는 가까운 사람과 일상 대화에서 자주 사용하는 표현이다.

② **화자의 의지와 감정 표현**

베트남어는 화자의 의지를 표현할 때 'sẽ(미래를 나타냄)'나 'muốn(원하다)'
과 같은 부사를 사용하여 의도를 전달한다.

Tôi sẽ làm việc đó.
내가 그 일을 할게요.

시간 부사 'sẽ'를 통해 미래의 의지를 표현한다.

Tôi muốn gặp bạn.
나는 너를 만나고 싶어.

동사 'muốn'을 통해 의지를 표현한다.

한국어에서는 화자의 의지나 바람을 표현하기 위해 다양한 어미를 사용한다.

열심히 공부할게요.
Tôi sẽ học chăm chỉ.

'-ㄹ게/-을게'를 통해 화자의 약속과 의지를 나타낸다.

집에 가고 싶어.

Tôi muốn về nhà.

'-고 싶다'를 통해 화자의 희망을 나타낸다.

③ 일반 부정문 표현

베트남어에서 일반적인 부정문은 동사 앞에 không을 붙여서 표현한다.

Tôi không ăn cơm.

나는 밥을 먹지 않는다.

한국어에서는 일반 부정문을 만들 때 동사 앞에 '안'을 붙이거나, '-지 않다' 와 같은 어미를 사용한다.

나는 밥을 안 먹는다.

Tôi không ăn cơm.

나는 밥을 먹지 않는다.

Tôi không ăn cơm.

④ 능력 부족을 나타내는 '못' 부정문

베트남어에서 능력이나 의지 부족을 나타낼 때 'không thể'를 동사 앞에 붙여 표현한다.

Tôi không thể ăn đồ cay.

나는 매운 음식을 못 먹는다.

한국어에서는 능력 부족을 나타낼 때 동사 앞에 '못'을 붙이거나, '-지 못하다'와 같은 표현을 사용한다.

나는 매운 음식을 못 먹는다.
Tôi không thể ăn đồ cay.

나는 매운 음식을 먹지 못한다.
Tôi không thể ăn đồ cay.

⑤ 격식 표현

베트남어에서는 나이가 많은 사람이나 지위가 높은 사람에게 말할 때 공손한 대명사와 'xin' 같은 단어를 사용하여 존중을 나타낸다.

Cháu xin phép đi trước.
저는 먼저 가보겠습니다.

'vui lòng'과 같은 공손한 표현을 이용해 요청을 정중하게 할 수 있다.

Vui lòng cho tôi mượn sách.
책을 빌려주시겠어요?

한국어는 '-습니다/-ㅂ니다', '-어요/-아요/-여요', '-는다/-ㄴ다/-다' 등의 표현을 통해 격식적 표현을 할 수 있다.

지금부터 회의를 시작하겠습니다.
Bây giờ chúng ta bắt đầu cuộc họp.

'-습니다/-ㅂ니다'는 공적인 상황에서 주로 사용하며 구어체 격식 표현이다.

오늘 날씨가 좋아요.
Hôm nay thời tiết đẹp.

'-어요/-아요/-여요'는 일상 대화에서 자주 사용되는 표현으로 듣는 사람에
대한 예의를 나타낸다.

오늘은 금요일이다.
Hôm nay là thứ sáu.

'-는다/-ㄴ다/-다'는 주로 쓰기에서 사실이나 내용을 중립적으로 쓸 때 사용
된다.

정리 (Tóm tắt)

1. 베트남어는 고정된 어순으로 평서문을 만들고, 한국어는 다양한 종결어미로 평서문을
만든다.
Tiếng Việt sử dụng trật tự cố định để tạo câu trần thuật, trong khi tiếng Hàn
sử dụng đa dạng các vĩ tố để tạo câu trần thuật.

2. 베트남어는 부사를 사용하여 의지와 감정을 표현하며, 한국어는 다양한 어미를 통해 이
를 나타낸다.
Tiếng Việt sử dụng trạng từ để biểu đạt ý chí và cảm xúc, còn tiếng Hàn thể
hiện điều này qua các vĩ tố khác nhau.

3. 부정문에서 베트남어는 'không'이나 'không thể'를 사용하며, 한국어는 '안', '못' 또는
'-지 않다', '-지 못하다'를 사용한다.
Trong câu phủ định, tiếng Việt sử dụng 'không' hoặc 'không thể', trong khi
tiếng Hàn dùng 'an', '못' hoặc '-지 않다', '-지 못하다'.

4. 베트남어는 공손한 대명사와 단어를 통해 격식을 나타내며, 한국어는 '-습니다/-ㅂ니다', '-어요/-아요/-여요', '-는다/-ㄴ다/-다' 등을 사용해 표현한다.
Tiếng Việt thể hiện sự lịch sự qua đại từ và từ vựng, còn tiếng Hàn dùng các đuôi câu như '-습니다/-ㅂ니다', '-어요/-아요/-여요', '-는다/-ㄴ다/-다'.

2 의문문 (Câu nghi vấn)

의문문은 상대방에게 질문하거나 정보를 요청할 때 사용한다. 그러나 의문문을 구성하는 방식에는 두 언어 간에 차이가 있다.

① 의문사 사용 의문문

베트남어와 한국어 모두 의문사를 사용하여 질문의 대상, 이유, 방법 등을 질문한다. 베트남어에서 의문사는 보통 문장의 주어나 동사 앞에 위치하지만, 내용에 따라 문장 끝에도 올 수 있다. 한국어의 의문사는 문장 앞이나 중간에 위치하고, 내용에 따라 변동될 수 있다.

Ai / 누구	베트남어: **Ai** đã làm điều này? 한국어: **누가** 이 일을 했습니까?
Cái gì / 무엇	베트남어: Ngày mai bạn sẽ làm **gì**? 한국어: 내일 **무엇**을 할 겁니까?
Ở đâu / 어디	베트남어: Bạn đang **ở đâu**? 한국어: 당신은 **어디**에 있습니까?
Khi nào / 언제	베트남어: **Khi nào** chúng ta gặp nhau? 한국어: 우리는 **언제** 만날까요?
Tại sao / 왜	베트남어: **Tại sao** bạn không đến? 한국어: **왜** 오지 않았습니까?
Như thế nào / 어떻게	베트남어: Bạn làm điều đó **như thế nào**? 한국어: **어떻게** 그것을 합니까?

베트남어는 의문문에서도 평서문의 어순을 유지한다. 먼저 평서문을 상승조로 발음하여 의문문으로 만들 수도 있다. 그리고 문장 끝에 'không', 'à' 등을 붙여 의문문을 만든다.

> Bạn ăn cơm?
> 너는 밥을 먹니?

> Bạn ăn cơm không?
> 너는 밥을 먹니?

'Bạn ăn cơm?'은 평서문과 어순이 같지만 상승조로 발음하면 의문문이 된다. 'Bạn ăn cơm không?'는 평서문 'Bạn ăn cơm?'과 어순이 같지만 문장 뒤에 'không'을 붙여 의문문을 만든다.

> Anh ấy đi làm?
> 그는 일하러 가니?

> Anh ấy đi làm không?
> 그는 일하러 가니?

'Bạn ăn cơm?'과 같이 'Anh ấy đi làm?'도 상승조로 발음하면 의문문이 된다. 'Bạn ăn cơm không?'과 마찬가지로 'không'을 붙여 의문문이 된다.

한국어는 기본형에 의문형 종결어미를 결합하여 의문문을 만든다.

> 오늘 날씨가 좋습니까?
> Hôm nay thời tiết đẹp không?

기본형 '좋다'에 '-습니까?'를 결합하여 의문문을 만든다.

머리 자르셨나요?
Bạn đã cắt tóc chưa?

기본형 '자르다'에 '-나요?'를 결합하여 의문문을 만든다.

이곳이 맞지요?
Ở đây đúng chứ?

기본형 '맞다'에 '-지요?'를 결합하여 의문문을 만든다.

③ **부정 의문문**

베트남어에서 부정 의문문은 일반 의문문과 같이 부정문을 상승조로 발음하여 의문문으로 만들 수 있다. 그리고 같은 문장 끝에 'không', 'à' 등을 붙인다.

Bạn không ăn cơm?
너는 밥을 먹지 않니?

'Bạn không ăn cơm?'은 부정 평서문과 어순이 같지만 상승조로 발음하면 의문문이 된다.

Bạn không ăn cơm à?
너는 밥을 먹지 않니?

부정 표현 'không'을 동사 앞에 붙이고 문장 끝에 'à'이나 'sao' 사용하여 부정 의문문을 만들 수 있다.

Anh ấy không đi làm sao?

그는 일하러 가지 않니?

'Bạn không ăn cơm không?'과 마찬가지로 부정 평서문의 어순을 유지하며 'không'을 통해 부정을 나타낸다.

한국어는 부정문에 일반 의문문과 같이 '–습니까?', '–나요?', '–지요?'를 결합하여 부정 의문문을 만든다.

그는 밥을 안 먹습니까?

Anh ấy không ăn cơm à?

'안'을 동사 앞에 놓아 부정 평서문이 되고, '–습니까?'를 결합하여 부정 의문문을 만든다.

이 일을 못 하셨나요?

Bạn không thể làm việc này à?

'못'을 동사 앞에 놓아 부정 평서문이 되고, '–나요?'를 통해 부정 의문문을 만든다.

정리 (Tóm tắt)

1. 베트남어는 의문사를 주어나 동사 앞에 놓는다. 한국어는 의문사를 문장 앞이나 중간에 위치시켜 질문을 만든다.
Tiếng Việt đặt từ nghi vấn trước chủ ngữ hoặc động từ, trong khi tiếng Hàn đặt từ nghi vấn ở đầu hoặc giữa câu để tạo câu hỏi.

2. 베트남어는 평서문의 어순을 유지하며 문장 끝에 'không'을 붙이거나 상승조로 발음해 의문문을 만든다. 한국어는 기본형에 의문형 종결어미를 결합하여 의문문을 만든다.
Tiếng Việt giữ nguyên trật tự câu trần thuật, thêm 'không' hoặc dùng ngữ điệu để tạo câu hỏi. Tiếng Hàn kết hợp vĩ tố dạng kết thúc câu nghi vấn với hình thái cơ bản để tạo câu hỏi.

3. 베트남어는 동사 앞에 'không'을 추가하고 문장 끝에 'không'을 붙여 부정 의문문을 만든다. 한국어는 부정 표현 '안', '못', '-지 않다'에 의문형 종결어미를 결합한다.
Tiếng Việt thêm 'không' trước động từ và đặt thêm 'không' ở cuối câu để tạo câu hỏi phủ định. Tiếng Hàn kết hợp các biểu hiện phủ định như '안', '못', '-지 않다' với vĩ tố dạng kết thúc câu nghi vấn.

3 명령문 (Câu mệnh lệnh)

명령문은 상대방에게 지시하거나 요청할 때 사용한다. 두 언어는 명령을 표현하는 방식에 차이가 있다.

① 명령 표현

베트남어는 명령문을 만들 때 동사에 변화를 주지 않고, 'hãy', 'xin', 'đừng' 등의 단어를 문장 앞에 추가하여 명령, 요청 또는 금지를 표현한다.

Hãy làm bài tập.
숙제를 해라.

'hãy'는 상대방에게 명령하거나 권유의 의미를 나타내는 표현이다. 이 문장은 화자가 상대방에게 숙제를 할 것을 직접적으로 지시하는 의미를 전달한다.

Xin giúp tôi.

저를 도와주세요.

‘xin’은 정중한 요청을 나타내는 표현이다. 상대방에 대한 존중과 공손함을 강조한다. 이 문장은 화자가 예의를 갖추어 상대방에게 도움을 요청하는 상황에 사용된다.

Đừng nói chuyện.

말하지 마라.

‘đừng’은 금지의 의미를 나타내는데 특정 행동을 하지 말라는 명령을 전달한다. 이 문장은 화자가 상대방에게 대화를 중단할 것을 명령하는 의미이다.

한국어는 ‘-아라/-어라’, ‘-(으)세요’, ‘-(으)십시오’와 같은 표현을 사용하여 명령이나 요청을 표현한다.

숙제를 해라.

Hãy làm bài tập.

‘-아라/-어라’는 주로 친밀한 관계에서 사용되며 상대방에게 강한 명령을 전달하는 표현이다. 이 문장은 화자가 청자에게 숙제할 것을 강하게 지시하는 상황에 사용된다.

숙제를 하세요.

Hãy làm bài tập.

‘-(으)세요’는 ‘-아라/-어라’보다 부드러운 정중한 요청을 표현이며, 상대방에게 예의를 갖춘 명령 표현이다.

숙제를 하십시오.

Hãy làm bài tập.

'-(으)십시오'는 공식적이고 격식을 갖춘 표현으로 공적인 상황에서 사용된다. 이 문장은 화자가 상대방에게 공손하게 숙제를 요청하거나 명령하는 의미를 전달한다.

② **금지 표현**

베트남어는 금지를 표현할 때 동사 앞에 'đừng'이나 'không được'을 추가하여 금지의 의미를 전달한다.

Đừng nói chuyện.

말하지 마라.

'đừng'은 특정 행동을 금지하는 기본적인 표현이다. 이 문장은 화자가 상대방에게 발화를 중단할 것을 명령하는 상황에서 사용된다.

Đừng làm ồn.

시끄럽게 하지 마.

이 문장에서 'đừng'은 시끄럽게 하지 말라는 의미를 전달한다.

Không được vào đây.

여기에 들어오지 마라.

'không được'은 더 강한 금지 표현으로, 특정 행동을 엄격히 금지할 때 사용된다. 이 문장은 상대방이 특정 공간에 들어오는 것을 금지하는 상황에서 사용된다.

한국어는 금지 표현을 만들 때 '-지 마라', '-지 마세요', '-지 마십시오'와 같은 금지 표현을 사용하여 금지의 강도를 조절한다.

말하지 마라.
Đừng nói chuyện.

'-지 마라'는 친밀한 관계에서 사용되며, 상대방에게 강한 금지의 의미를 전달한다. 이 문장은 화자가 상대방에게 대화를 멈추라고 강하게 지시하는 상황에서 사용된다.

시끄럽게 하지 마세요.
Đừng làm ồn.

'-지 마세요'는 부드럽고 정중한 금지 표현으로, 상대방에게 예의를 갖춘 금지 요청을 전달한다.

여기에 들어오지 마십시오.
Không được vào đây.

'-지 마십시오'는 공식적이고 격식을 갖춘 금지 표현이다. 이 문장은 공적인 상황에서 상대방의 행동을 금지할 때 사용된다.

📄 정리 (Tóm tắt)

1. 베트남어는 동사 앞에 'hãy', 'xin', 'đừng'을 추가하여 명령, 요청, 금지를 표현한다. 한국어는 '-아라/-어라', '-(으)세요', '-(으)십시오'를 사용하여 명령이나 요청의 강도를 조절한다. Tiếng Việt thêm 'hãy', 'xin', 'đừng' trước động từ để diễn đạt mệnh lệnh, yêu cầu hoặc cấm đoán. Tiếng Hàn sử dụng các đuôi câu như '-아라/-어라', '-(으)세요', '-(으)십시오' để điều chỉnh mức độ mệnh lệnh hoặc yêu cầu.

2. 베트남어는 'đừng', 'không được'을 사용하여 특정 행동을 금지한다. 한국어는 '-지 마라', '-지 마세요', '-지 마십시오'로 금지의 강도를 조절한다.
Tiếng Việt sử dụng 'đừng', 'không được' để cấm đoán một hành động cụ thể.
Tiếng Hàn điều chỉnh mức độ cấm đoán thông qua các đuôi câu như '-지 마라', '-지 마세요', '-지 마십시오'.

④ 청유문 (Câu đề nghị)

청유문은 상대방에게 함께 어떤 행동을 하자고 제안하거나 권유하는 문장이다. 베트남어와 한국어의 청유문에는 표현 방식에는 차이가 있다.

① 청유 표현

베트남어는 청유 표현을 만들 때 동사 앞에 'hãy', 'chúng ta', 'nào'와 같은 단어를 추가하여 제안이나 권유의 의미를 전달한다.

Hãy cùng học nào.
함께 공부하자.

'hãy'와 'cùng'은 화자가 상대방에게 함께 행동할 것을 권유하는 표현이다. 이 문장은 부드러운 제안의 의미를 전달한다.

Chúng ta đi xem phim.
우리 영화 보러 가자.

'chúng ta'는 화자와 청자가 함께 행동할 것을 제안하는 표현이다. 이 문장은 친근하고 자연스러운 제안을 나타낸다.

Ăn cơm nào.

밥 먹자.

'nào'는 문장 끝에 붙어 권유나 제안의 의미를 강화하는 표현이다. 이 문장은 간단하고 자연스러운 방식으로 함께 밥을 먹자고 권유하는 문장이다.

한국어는 '-자', '-어요/-아요/-여요', '-(으)ㅂ시다'와 같은 어미를 사용하여 청유 표현을 만든다. 이 어미는 상황과 관계에 따라 청유의 강도를 조절한다.

공부하자.

Hãy cùng học nào.

'-자'는 비격식적이고 친밀한 관계에서 사용되며, 상대방에게 함께 행동하자는 제안을 전달한다.

우리 영화 봐요.

Chúng ta xem phim nào.

'-어요/-아요/-여요'는 부드럽고 정중한 청유 표현으로, 상대방에게 함께 행동하자는 예의를 갖춘 제안을 나타낸다.

밥을 먹읍시다.

Ăn cơm nào.

'-(으)ㅂ시다'는 공식적이고 격식을 갖춘 청유 표현이다. 공적인 자리나 격식을 차려야 할 상황에서 사용된다. 나이가 어린 사람이 나이 많은 사람에게 사용하면 예의 없어 보일 수 있다.

② 부정 청유 표현

베트남어는 부정 청유 표현을 만들 때 동사 앞에 'đừng'을 추가하여 특정 행동을 하지 말자고 제안한다.

> Đừng làm ồn nữa.
> 시끄럽게 하지 말자.

'đừng'은 행동을 하지 않도록 제안하는 표현이다. 이 문장은 함께 조용히 있자는 의미를 전달한다.

> Đừng nhìn điện thoại trong cuộc họp nhé.
> 회의 중에 휴대전화를 보지 맙시다.

'đừng'은 특정 행동을 하지 않도록 제안하는 표현이다. 이 문장은 화자가 상대방과 함께 회의 중에 휴대전화를 보지 말자고 권유하는 의미를 전달한다.

한국어는 부정 청유 표현을 만들 때 '-지 말자', '-지 맙시다'와 같은 어미를 사용하여 특정 행동을 하지 말자는 제안을 표현한다.

> 시끄럽게 하지 말자.
> Đừng làm ồn nữa.

'-지 말자'는 비격식적인 표현으로, 친근한 관계에서 함께 행동하지 말 것을 제안한다.

> 회의 중에 휴대전화를 보지 맙시다.
> Đừng nhìn điện thoại trong cuộc họp.

'-지 맙시다'는 공식적이고 격식을 갖춘 표현으로 공적인 자리에서 함께 행동하지 말 것을 제안할 때 사용된다.

정리 (Tóm tắt)

1. 베트남어는 'hãy', 'chúng ta', 'nào'를 사용해 제안하거나 권유하며, 동사 앞이나 문장 끝에 위치한다. 한국어는 '-자', '-어요/-아요/-여요', '-(으)ㅂ시다'를 통해 청유의 강도를 조절하며 상황과 관계에 맞는 제안을 표현한다.
Tiếng Việt sử dụng 'hãy', 'chúng ta', 'nào' để đề nghị hoặc khuyên bảo, thường đứng trước động từ hoặc cuối câu. Tiếng Hàn sử dụng '-자', '-어요/-아요/-여요', '-(으)ㅂ시다' để điều chỉnh mức độ đề nghị tùy theo hoàn cảnh và quan hệ.

2. 베트남어는 동사 앞에 'đừng'을 사용하여 특정 행동을 하지 말자고 제안한다. 한국어는 '-지 말자', '-지 맙시다'를 사용하여 특정 행동을 함께 하지 말자는 제안을 표현한다.
Tiếng Việt dùng 'đừng' trước động từ để đề nghị không làm một hành động cụ thể. Tiếng Hàn dùng '-지 말자', '-지 맙시다' để diễn đạt ý đề nghị không làm một việc nào đó cùng nhau.

---

⑤ 감탄문 (Câu cảm thán)

감탄문은 화자의 감정이나 놀라움, 기쁨, 슬픔 등 다양한 감정을 표현하는 문장 유형이다. 두 언어는 표현 방식에서 차이를 보인다.

① 베트남어 감탄문

베트남어는 감탄사나 부사를 사용한 표현 'Trời ơi(하늘이여)', 'quá(매우)', 'thật là(정말)' 등을 활용하여 감탄문을 표현한다. 이 표현들은 화자의 감동, 놀라움, 또는 상황에 대한 강렬한 감정을 전달한다.

Trời ơi, đẹp quá!

정말 아름답구나!

'Trời ơi'는 놀라움이나 감탄을 강하게 표현하는 감탄사이며 'quá'는 감탄의 강도를 높이는 부사로 사용된다. 이 문장은 화자가 대상의 아름다움에 깊이 감동하여 놀라움을 표현한다.

Thật là tuyệt vời!

정말 훌륭하네요!

'Thật là'는 '정말'을 의미하며 감탄의 진정성을 강조한다. 'tuyệt vời'는 대상을 '훌륭하다', '놀랍다'라고 칭찬할 때 사용된다. 이 문장은 화자가 대상을 매우 긍정적으로 평가하며 감탄하는 상황에서 사용된다.

Cảnh đẹp biết bao!

정말 아름다운 경치군요!

'biết bao'는 감탄의 강도를 높이며 "얼마나 아름다운지!"라는 뜻을 전달한다. 이 문장은 화자가 아름다운 경치를 보고 놀라움과 감동을 표현하는 데 사용된다.

② 한국어 감탄문

한국어는 감탄사를 사용하거나 '-구나', '-네', '-군요', '-네요'와 같은 어미를 활용하여 감탄문을 표현한다. 이 어미들은 화자의 놀람, 감동, 또는 새롭게 알게 된 사실에 대한 감정을 전달한다.

정말 아름답구나!

Trời ơi, đẹp quá!

'-구나'는 화자가 새롭게 깨달은 감정을 표현한다.

정말 아름답네요!
Thật là tuyệt vời!

'-네요'는 화자가 느낀 감탄을 부드럽고 정중하게 표현한다.

정말 아름다운 경치군요!
Cảnh đẹp biết bao!

'-군요'는 새롭게 알게 된 사실이나 상황에 대한 감탄과 놀라움을 전달하는 표현이다.

정리 (Tóm tắt)

1. 베트남어는 감탄사 'Trời ơi', 부사 'quá', 또는 표현 'thật là', 'biết bao'를 사용하여 강한 감탄을 전달한다.
Tiếng Việt sử dụng thán từ 'Trời ơi', trạng từ 'quá', hoặc các cụm từ như 'thật là', 'biết bao' để biểu đạt cảm xúc mạnh mẽ.

2. 한국어는 감탄사와 함께 '-구나', '-네요', '-군요'와 같은 어미를 사용하여 감탄을 표현하며, 화자의 놀람과 감동을 전달한다.
Tiếng Hàn sử dụng thán từ cùng với các đuôi câu như '-구나', '-네요', '-군요' để biểu đạt sự ngạc nhiên và cảm xúc.

1 수식어를 통한 문장 확장
(Mở rộng câu thông qua thành phần bổ nghĩa)

수식어를 통한 문장 확장은 베트남어와 한국어에서 모두 문장을 더욱 풍부하게 만드는 데 중요한 역할을 한다. 하지만 두 언어는 수식어와 피수식어의 위치와 수식 방식에서 큰 차이를 보인다.

① 명사 수식

베트남어는 명사를 꾸미는 수식어가 명사 뒤에 위치한다. 베트남어는 수식어의 형태가 변하지 않는다. 피수식어는 수식어 뒤에 위치한다.

> ngôi nhà mới (새 집)
> ngôi nhà (집) + mới (새)

'ngôi nhà'는 '집'을 의미한다. 뒤에 위치한 수식어 'mới'가 '새'라는 의미로 명사 뒤에서 수식한다.

> cái túi lớn (큰 가방)
> cái túi (가방) + lớn (큰)

'cái túi'는 '가방'을 의미한다. 뒤에 위치한 형용사 'lớn'이 '큰'이라는 의미로 명사 뒤에서 수식한다.

người đang học (공부하는 사람)

người (사람) + đang học (공부하고 있는)

'người'는 '사람'을 의미한다. 현재진행형을 나타내는 'đang'과 동사 'học' 이 결합하여 명사를 수식한다.

한국어는 베트남어와 반대로 수식어가 명사 앞에 위치한다. 명사 앞에 관형 사가 오거나 동사나 형용사를 변화해 명사를 꾸민다.

새 집

새 + 집 (mới + ngôi nhà)

관형사 '새'가 명사 '집' 앞에 위치한다.

큰 가방

큰 + 가방 (lớn + chiếc túi)

형용사 '크다'의 관형사형 '큰'이 명사 가방 앞에 위치한다.

공부하는 사람

공부하다(học) + -는 (vĩ tố dạng định ngữ hiện tại) + 사람(người)

동사 '공부하다'는 관형사형 어미 '-는'을 통해 '공부하는'으로 변형되며 명사 사람을 수식한다.

② **형용사 수식**

베트남어에서 부사는 형용사 앞에 위치하여 상태나 정도를 더한다. 형용사를 앞에서 수식하기도 하고 뒤에서 수식하기도 한다.

> Ngôi nhà này rất đẹp.
> 이 집은 매우 아름답다.

'Rất(매우)'는 형용사 'đẹp(아름답다)' 앞에 위치하여 수식한다.

> Cô ấy thông minh quá.
> 그녀는 너무 똑똑하다.

'Quá(매우)'는 형용사 'thông minh(똑똑하다)' 뒤에 위치하여 수식한다.

한국어에서는 부사가 형용사 앞에 위치하여 상태나 정도를 더한다. 베트남어와 달리 부사의 위치는 형용사 앞에 고정되어 있다.

> 이 집은 매우 아름답다.
> Ngôi nhà này rất đẹp.

'매우'는 형용사 '아름답다' 앞에 위치하여 수식한다.

> 그녀는 매우 똑똑하다.
> Cô ấy thông minh quá.

'매우'는 형용사 '똑똑하다'를 앞에 위치하여 수식한다.

③ **동사 수식**

베트남어에서 부사는 형용사와 마찬가지로 동사 앞뒤에 위치하여 동작의 빈도나 정도를 나타낼 수 있다.

> Anh ấy thường đọc sách.
> 오빠는 자주 책을 읽는다.

'Thường(자주)'는 동사 'đọc(읽다)' 앞에 위치하여 동작의 빈도를 나타낸다.

> Bố rất thích tập thể dục.
> 아버지는 운동하는 것을 매우 좋아하신다.

'Rất(매우)'는 동사 'thích(좋아하다)' 앞에 위치하여 동작의 정도를 나타낸다.

> Bố thích tập thể dục quá.
> 아버지는 운동하는 것을 너무 좋아하신다.

'Quá(매우)'는 말하는 사람의 놀라운 감정을 나타내며 동사 'thích(좋아하다)' 뒤에 위치하여 동작의 정도를 나타낸다.

한국어에서는 주로 부사가 동사 앞에 위치하여 동작의 빈도와 정도를 나타낸다. 베트남어와 달리 뒤에서 수식하는 경우가 없다.

> 오빠는 자주 책을 읽는다.
> Anh ấy thường đọc sách.

'자주'는 동사 '읽는다' 앞에 위치하여 동작의 빈도를 나타낸다.

> 아버지는 운동하는 것을 매우 좋아하신다.
> Bố rất thích tập thể dục.

'매우'는 동사 '좋아하신다' 앞에 위치하여 동작의 정도를 나타낸다.

📋 정리 (Tóm tắt)

1. 베트남어는 수식어가 명사 뒤에 위치한다. 형태의 변화 없이 명사를 꾸민다. 그리고 한국어에서는 수식어가 명사 앞에 위치하며 관형사형 어미를 사용하여 명사를 꾸민다.
Trong tiếng Việt, từ bổ nghĩa đứng sau danh từ và không thay đổi hình thức để bổ nghĩa cho danh từ. Trong khi đó, trong tiếng Hàn, từ bổ nghĩa đứng trước danh từ và sử dụng vĩ tố dạng định ngữ để bổ nghĩa cho danh từ.

2. 베트남어에서는 부사가 형용사 앞이나 뒤에 위치하여 상태나 정도를 수식한다. 그리고 한국어에서는 부사가 형용사 앞에만 위치하며, 상태나 정도를 수식한다.
Trong tiếng Việt, trạng từ có thể đứng trước hoặc sau tính từ để bổ nghĩa cho trạng thái hoặc mức độ. Trong khi đó, trong tiếng Hàn, trạng từ chỉ đứng trước tính từ để bổ nghĩa cho trạng thái hoặc mức độ.

3. 베트남어에서 부사는 형용사와 마찬가지로 동사 앞뒤에 위치하여 동작의 빈도나 정도를 나타낼 수 있다. 그리고 한국어에서는 주로 부사가 동사 앞에 위치하며, 동작의 빈도와 정도를 나타낸다. 베트남어와 달리 뒤에서 수식하는 경우가 없다.
Trong tiếng Việt, trạng từ có thể đứng trước hoặc sau động từ để bổ nghĩa cho tần suất hoặc mức độ của hành động. Trong khi đó, trong tiếng Hàn, trạng từ chủ yếu đứng trước động từ để bổ nghĩa cho tần suất hoặc mức độ của hành động, không đứng sau động từ như trong tiếng Việt.

---

2 문장의 연결 (Liên kết câu)

베트남어와 한국어는 접속부사를 통해 두 문장의 관계를 나타낸다. 베트남어는 접속부사를 이용해 문장을 연결하면 하나의 문장이 된다. 그러나 한국어는 두 문장이 의미적으로만 연결되고 문장은 그대로 두 문장이 된다.

Tôi thích cà phê và em tôi thích trà.
나는 커피를 좋아한다. 그리고 동생은 차를 좋아한다.

'và'를 사용해 두 문장을 대등하게 연결하며 하나의 문장이 된다.

Tôi muốn đi chơi nhưng tôi bận.
나는 놀러 가고 싶다. 그러나 나는 바쁘다.

'nhưng'을 사용해 두 문장을 대조적으로 연결하며 하나의 문장이 된다.

나는 커피를 좋아한다. 그리고 동생은 차를 좋아한다.
Tôi thích cà phê và em tôi thích trà.

'그리고'를 사용해 두 문장을 대등하게 연결했지만 두 문장이다.

나는 놀러 가고 싶다. 그러나 나는 바쁘다.
Tôi muốn đi chơi nhưng tôi bận.

'그러나'를 사용해 두 문장을 대조적으로 연결했지만 두 문장이다.

베트남어와 한국어는 문장을 결합하여 조건, 이유, 시간 등의 관계를 나타낼 수 있다. 그러나 두 언어는 문장의 결합 방식에서 차이가 있다.

베트남어는 접속 표현(예: bởi vì, nếu, khi)을 사용하여 두 문장을 결합한다. 접속 표현의 위치를 문장 앞이나 중간에 둘 수 있으며 두 경우 모두 문법적으로 문제가 없다. 그러나 접속 표현의 위치에 따라 느낌상의 차이가 있다.

Tôi không đi học bởi vì tôi bị ốm.
나는 아파서 학교에 가지 않았다.

'bởi vì'를 사용해 'Tôi không đi học(나는 학교에 가지 않았다)'와 'tôi bị ốm(나는 아팠다)' 두 문장을 결합한다.

> Bởi vì tôi bị ốm, tôi không đi học.
> 나는 아파서 학교에 가지 않았다.

'bởi vì'를 문장 앞에 두어 이유를 강조한다.

두 표현은 강조하는 부분의 차이가 있지만 형식적으로는 문제가 없다.

> Nếu bạn cần giúp đỡ, hãy gọi tôi.
> 네가 도움이 필요하면 나를 불러라.

'Nếu'를 사용해 'bạn cần giúp đỡ(네가 도움이 필요하다)'와 'hãy gọi tôi(나를 불러라)' 두 문장을 결합한다.

> Hãy gọi tôi nếu bạn cần giúp đỡ.
> 네가 도움이 필요하면 나를 불러라.

'Nếu'를 문장 뒤에 두어 요청을 강조한다.

이 문장도 강조하는 부분에서 차이가 있을 수 있지만 형식적으로는 문제가 없다.

한국어는 '-어서/-아서/-여서', '-(으)면' 등을 사용해 두 문장을 결합하여 하나의 문장으로 구성된다. 그러나 베트남어와 달리 연결 표현의 위치를 바꿀 수 없다. 앞 문장과 뒤 문장을 바꾸면 형식적으로는 문제가 없더라도 완전히 의미가 다른 문장이 된다.

나는 아파서 학교에 가지 않았다.

Tôi không đi học bởi vì tôi bị ốm.

'-어서/-아서/-여서'를 사용해 '나는 아팠다'와 '학교에 가지 않았다'를 연결했다.

학교에 가지 않아서 나는 아팠다.

연결 표현 '-어서/-아서/-여서'의 앞뒤 문장을 바꾸면 형식적으로는 맞아도 완전히 의미가 다른 문장이 된다.

네가 도움이 필요하면 나를 불러라.

Nếu bạn cần giúp đỡ, hãy gọi tôi.

'-(으)면'을 사용해 '네가 도움이 필요하다'와 '나를 불러라'를 연결했다.

나를 부르면 네가 도움이 필요하다.

연결 표현 '-(으)면'의 앞뒤 문장을 바꾸면 형식적으로는 맞아도 완전히 의미가 다른 문장이 된다.

한국어에서 대등을 나타내는 '-고'와 '-(으)며' 같은 연결 표현은 문장의 순서를 바꾸어도 큰 의미 변화가 없다. 그러나 원인, 조건, 시간 등을 나타내는 연결 표현은 앞뒤 문장의 순서를 바꾸면 문장의 의미가 달라진다.

정리 (Tóm tắt)

1. 베트남어는 접속 표현을 사용해 두 문장을 하나로 결합하며, 접속 표현은 문장 앞이나 중간에 위치할 수 있다.

Trong tiếng Việt, các từ nối được sử dụng để kết hợp hai câu thành một, và vị trí của từ nối có thể ở đầu hoặc giữa câu.

2. 한국어는 접속 표현을 사용하여 두 문장을 연결하거나 하나의 문장으로 결합하며, 연결 표현의 위치를 변경하면 문장의 의미가 달라질 수 있다.

Trong tiếng Hàn, các từ nối được sử dụng để kết nối hai câu hoặc kết hợp thành một câu, nhưng thay đổi vị trí của từ nối có thể làm thay đổi ý nghĩa của câu.

Ⅱ

실용문 작성하기
Viết văn bản thực dụng

II 실용문 작성하기
Viết văn bản thực dụng

01 실용문의 개념과 기능
(Khái niệm và chức năng của văn bản thực dụng)

1 격식적 실용문의 개념

실용문은 어떠한 목적을 달성하기 위해 작성되는 글이다. 정보를 전달하거나 요청, 안내, 감사를 표현하는 등 다양한 의사소통의 수단이다. 실용문은 개인과 개인, 또는 개인과 집단 간의 소통을 원활히 하기 위한 중요한 도구이다.

이러한 실용문은 직장, 학교, 공공기관 등 공식적인 환경에서뿐만 아니라 비공식적인 상황에서도 사용될 수 있다. 작성자는 글의 목적과 독자와의 관계를 고려하여 적절한 표현과 형식을 사용해야 하며, 상황에 따라 공손하고 격식을 갖춘 표현을 사용하는 경우가 많다.

2 실용문의 역할

실용문은 단순히 정보를 전달하는 것만이 아니라, 작성자와 독자 간의 정보 교환을 원활하게 하고 좋은 관계를 형성하는 데 중요한 역할을 한다. 공적인 상황에서는 예의와 존중을 드러내야 하며, 공손한 표현을 사용해 작성자의 의도를 정확하게 전달한다.

간단하고 체계적으로 작성된 글은 독자가 내용을 쉽게 이해할 수 있어 오해를 없앨 수 있다. 예를 들어 안내문은 필요한 정보를 전달하고, 초대장은 초대의 이유와 세부 내용을 정확히 알린다.

정리 (Tóm tắt)

1. 실용문은 어떤 목적을 위해 작성된다. 보통 정보를 전달하거나 요청, 안내, 감사를 표현하는 등 다양한 기능을 가진다.

Văn bản thực dụng được soạn thảo với mục đích cụ thể, thường dùng để truyền đạt thông tin, đưa ra yêu cầu, hướng dẫn hoặc bày tỏ lời cảm ơn.

2. 실용문은 개인과 개인, 또는 개인과 집단 간의 원활한 소통을 위한 도구이다. 공적 상황에서는 예의와 공손한 표현으로 의도를 정확히 전달한다.

Văn bản thực dụng là công cụ giúp cá nhân với cá nhân hoặc cá nhân với tập thể giao tiếp với nhau một cách suôn sẻ. Trong các tình huống chính thức, cần sử dụng ngôn ngữ lịch sự và nhã nhặn để truyền đạt ý định một cách chính xác.

실용문의 종류와 특징
(Các loại và đặc điểm của văn bản thực dụng)

실용문은 어떤 목적을 이루기 위해 쓰는 글이다. 상황에 따라 이메일, 문자 메시지, 인터넷 게시글, 안내문, 초대장, 편지 등 여러 종류가 있다. 이 글들은 각각 사용하는 방법과 특징이 다르다.

예를 들어 이메일은 정중한 인사와 형식을 갖추어야 하고, 안내문은 간단하고 명확하게 정보를 전달해야 한다. 실용문은 상황에 맞는 글쓰기 방법을 배우는 데 중요하다. 이 절에서는 실용문의 종류와 특징을 알아보고, 글을 쓸 때 필요한 형식과 표현을 배운다.

1 이메일 (Thư điện tử)

1 이메일의 개념과 활용

이메일이란 인터넷을 통해 정보를 주고받는 글의 형식이다. 이메일은 공적인 상황과 비공식적인 상황 모두에서 사용된다. 이메일은 간편하면서도 빠르게 의사를 전달할 수 있는 현대적인 의사소통 수단이다. 작성자는 상황에 맞는 형식과 표현을 사용하여 정보를 정확히 전달해 독자와 효과적으로 소통해야 한다.

2 이메일 작성의 목적과 상황

이메일 작성의 목적은 서로 소통하고 필요한 내용을 전달하기 위해 사용된다. 다음 표는 이메일을 어떤 목적으로 사용하는지와 그 예를 보여준다.

목적	설명	상황
정보 전달	독자가 필요한 내용을 간단히 알려준다.	회의 시간 안내, 규칙 변경 알림
요청	자료나 도움을 예의 있게 부탁한다.	자료 요청, 도움 요청
감사 표현	도움받은 것에 대해 감사를 표현한다.	협조나 수락에 대한 감사
안내 및 공지	여러 사람에게 중요한 소식을 알린다.	회사 공지, 행사 안내
안부 및 친목	가족이나 친구와 소식을 주고받는다.	가족에게 안부 전하기, 친구에게 소식 전하기

③ 이메일 작성 방식의 유형

공식적인 이메일은 회사, 학교, 공공기관 등에서 사용되며, 정중하고 격식을 갖춘 표현을 사용해야 한다. 예를 들면 회의 자료를 요청할 때는 '안녕하세요, 김 대리님. 회의 자료를 부탁드립니다.'와 같이 쓰면 좋다. 공식적인 이메일은 중요한 정보를 명료하게 전달하는 데 적합하다.

비공식적인 이메일은 친구나 가족에게 보내는 글로, 더 편안하고 자유로운 표현을 사용한다. 예를 들어 친구에게는 '안녕, ○○야. 요즘 어떻게 지내?'와 같이 쓸 수 있다. 비공식적인 이메일은 친밀한 관계를 유지하고 감정을 표현하는 데 유용하다.

공식적이든 비공식적이든 이메일은 상황에 맞는 말투와 표현을 사용하는 것이 중요하다. 이를 통해 이메일의 목적을 잘 이룰 수 있다. 여기에서는 격식을 갖춘 공식적 이메일 작성법을 중심으로 다룬다.

④ **이메일의 구성 요소**

공식적 이메일은 '제목, 인사말, 본문, 마무리, 작성자의 정보(서명)' 순서로 작성한다. 각 부분은 이메일의 목적을 효과적으로 전달하기 위해 정확하고 공손하게 표현되어야 한다. 아래는 각 구성 요소와 작성 방식에 대한 설명이다.

구성 요소	설명	예시
제목	이메일에서 전달하려는 내용을 간단하고 분명하게 적는다.	– 회의 일정 변경 안내 – 자료 요청드립니다.
인사말	이메일을 시작할 때 상대방에게 예의를 표현하는 인사말을 쓴다.	– 안녕하세요, ○○님 – ○○○ 팀장님께
본문	이메일을 보내는 이유와 필요한 내용을 자세히 적는다. 필요한 경우 내용을 나누어 정리한다.	– 회의 일정이 변경되어 안내드립니다. 새로운 일정은 다음과 같습니다: 날짜: 2024년 11월 20일 시간: 오후 2시 확인 부탁드립니다. – 지난 회의와 관련하여 추가 자료를 요청드립니다. 첨부된 문서를 확인해 주시고 필요한 자료를 보내주시면 감사하겠습니다.
마무리	이메일을 끝낼 때 감사 인사나 정중한 마무리 표현을 적는다.	– 확인 부탁드립니다. 감사합니다. – 좋은 하루 보내시기 바랍니다.
작성자 정보	이름, 소속, 연락처 등을 적어 이메일을 보낸 사람이 누구인지 알리고 연락할 수 있도록 한다.	– 이름: 응웬티엔 – 소속: 사이공 무역 마케팅팀 – 연락처: 012-1234-5678 – 이메일: nguyentien@example.com

⑤ **이메일 작성 시 유의점**

공식적인 이메일을 작성할 때 상황에 맞게 목적과 정보를 잘 전달하기 위해서 다음과 같은 점을 유의해야 한다. 첫째, 이메일의 목적과 상대방과의 관계를 고려해 알맞은 표현을 사용해야 한다. 회사나 학교에서 사용하는 이메일은 예의를 갖춘 표현이 필요하다. 둘째, 이메일 내용은 간단하고 핵심만 담아야 한다. 불필요한 말을 줄이고 중요한 내용을 먼저 적는 것이 좋다. 마지막으로, 이메일을 보내기 전에 오타나 문법 오류가 없는지 확인해야 한다.

⑥ 이메일 작성의 예시1(회의 자료 요청 이메일)

제목: 회의 자료 요청   – X ○
안녕하세요, 한 대리님. 다음 주 월요일 회의 준비를 위해 자료를 요청드립니다. 이번 회의에서 논의할 주제와 관련된 보고서와 통계 자료가 필요합니다. 그리고 제가 참고해야 할 추가 사항이 있다면 함께 알려 주시면 감사하겠습니다. 확인 부탁드립니다. 감사합니다. 김현수 드림 김현수 ○○ 기업 기획팀 대리 010-1234-5678 hyunsu.kim@example.com

⑦ 이메일 작성의 예시2(행사 정보 안내 이메일)

제목: ○○ 행사 안내드립니다.   – X O

존경하는 ○○님께,

2024년 12월 15일에 진행되는 ○○ 행사에 대해 안내드립니다.

– 장소: 서울 ○○호텔 3층
– 시간: 오후 1시

더 자세한 정보는 첨부 파일을 확인해 주시기 바랍니다.

참석 여부를 알려주시면 감사하겠습니다. 좋은 하루 보내십시오.

감사합니다.
박소영 드림

박소영
○○ 기업 홍보팀
02-567-1234
soyong.park@example.com

 정리 (Tóm tắt)

1. 이메일은 인터넷을 통해 정보를 주고받는 현대적인 의사소통 수단이다. 공적 및 비공적 상황에서 사용되며, 빠르고 간편하게 의사를 전달한다.
Email là phương tiện giao tiếp hiện đại qua internet, được sử dụng trong các tình huống chính thức và không chính thức, giúp truyền tải thông điệp một cách nhanh chóng và tiện lợi.

2. 이메일은 정보 전달, 요청, 감사, 안내 등 다양한 목적으로 작성되며, 상황에 맞는 표현과 형식이 중요하다. 공적 상황에서는 격식과 예의를 갖춘 표현이 요구된다.

Email được viết với nhiều mục đích như truyền đạt thông tin, yêu cầu, cảm ơn, hướng dẫn, trong đó cách diễn đạt và hình thức phù hợp với hoàn cảnh là rất quan trọng. Trong các tình huống chính thức, cần có sự trang trọng và lịch sự.

② 문자 메시지 (Tin nhắn văn bản)

① 문자 메시지의 개념과 활용

문자 메시지는 휴대전화를 이용해 간단한 글로 정보를 주고받는 의사소통 방식이다. 문자 메시지는 짧고 간결한 형식을 사용하며, 개인적인 용도뿐 아니라 공적인 용도로도 활용된다.

공식적인 문자 메시지는 업무나 약속을 확인하거나 정보를 전달하는 데 사용되며, 정중한 표현과 명확한 내용을 포함해야 한다. 반면에 비공식적인 문자 메시지는 친구나 가족 간의 일상적 대화를 위한 간단하고 편안한 표현으로 구성된다.

② 문자 메시지 작성의 목적과 상황

문자 메시지는 빠르고 간결한 의사소통이 필요할 때 유용하다. 아래는 문자 메시지를 작성하는 주요 목적과 그 예를 정리한 표이다.

목적	설명	상황
약속 확인	약속이나 일정에 대해 확인하거나 변경을 요청한다.	회의 시간, 약속 장소, 일정 확인
정보 전달	상대방에게 필요한 정보를 간단히 알린다.	일정 공지, 일정 변경, 이벤트 알림

목적	설명	상황
요청	상대방에게 간단한 도움이나 자료를 요청한다.	간단한 자료 요청, 회의 준비 요청, 물건 전달 요청
감사 표현	도움이나 협조에 대해 간단히 감사의 뜻을 전한다.	협조에 대한 감사, 초대에 대한 감사
공지 및 안내	여러 사람에게 간단한 공지나 정보를 전달한다.	회사 공지, 모임 일정 안내, 행사 참여 요청

③ 문자 메시지 작성 방식의 유형

문자 메시지는 상황과 목적에 따라 공식적인 경우와 비공식적인 경우로 나눌 수 있다. 각각의 유형에 따라 사용하는 말투와 표현이 달라지며, 상황에 맞게 작성하는 것이 중요하다.

공식적인 문자 메시지는 회사, 학교, 공공기관 등 공적인 자리에서 사용된다. 짧고 간단한 문장을 쓰더라도 정중하고 격식 있는 표현을 사용해야 한다. 주로 약속을 변경하거나 요청, 정보를 전달하는 데 사용된다. 예를 들어 '안녕하세요, 김 대리님. 내일 오전 회의 장소는 3층 대회의실로 변경되었습니다. 확인 부탁드립니다.'와 같이 사용할 수 있다.

공식적인 문자 메시지는 이메일과 비슷한 점이 많다. 그러나 이메일과는 달리 중요한 정보를 빠르게 전달할 수 있으며 상대방의 반응을 바로 확인할 수 있다.

비공식적인 문자 메시지는 친구나 가족처럼 편안한 관계에서 사용된다. 말투와 표현이 자유롭고 친근하며, 주로 안부를 묻거나 간단한 약속을 정할 때 유용하다. '○○야! 어디야? 이따 3시에 시간 돼?'와 같이 쓸 수 있다.

비공식적인 문자 메시지는 자연스럽고 친근한 느낌을 주며 관계 중심의 대화에 적합하다. 그리고 하나의 문자 메시지에 정보를 모두 담을 필요가 없다.

④ **문자 메시지 작성의 구성 요소**

문자 메시지는 간결함을 가장 큰 특징으로 한다. 특히 공식적인 문자 메시지는 짧지만 정확하게 정보를 전달하기 위해 다음과 같은 요소로 구성된다. 반면 비공식적인 문자 메시지는 친한 사람과 주고받는 자연스러운 대화를 위한 형식이기에 메시지의 내용이 짧고 가벼운 주제인 경우가 많다.

구성 요소	설명	예시
인사말 (발신자 정보)	공식적인 문자에서는 간단한 인사말로 수신자에 대한 예의를 표현한다.	- 안녕하세요, 김 대리님. - ○○○ 교수님. 저는 ○○학과 ○○○입니다.
핵심 내용	문자 메시지의 주요 목적과 정보를 간단하게 전달한다.	- 내일 오전 회의 장소가 3층 대회의실로 변경되었습니다. - 지난번에 말씀하신 자료를 제출하고자 합니다.
마무리 표현	감사 인사나 끝맺음 말로 메시지를 정중하게 마무리한다.	- 감사합니다. - 확인 부탁드립니다.

⑤ **문자 메시지 작성 시 유의점**

문자 메시지를 작성할 때는 윗사람이나 나이 많은 사람에게 보내는 경우 수신자가 발신자의 정보를 모를 가능성을 고려해야 한다. 발신자의 이름이나 소속을 메시지에 포함하면 수신자가 누구로부터 온 메시지인지 쉽게 알 수 있다.

⑥ 문자 메시지 작성의 예시1(회의 시간 변경 요청)

안녕하세요, 한 대리님.
회의 시간과 관련해 말씀드릴 내용이 있습니다.
다음 주 월요일 회의를 오후 3시로 변경 가능하실지 확인 부탁드립니다.
감사합니다.

⑦ 문자 메시지 작성의 예시2(과제 제출 정보 확인)

안녕하십니까? 교수님.
저는 한국어문법론 수업을 듣고 있는 한국어학과 3학년 응웬티엔입니다.
다름이 아니라 과제 제출 기한과 관련해 여쭤보고 싶어 문자 드렸습니다.
혹시 추가로 확인해야 할 내용이 있다면 알려주시면 감사하겠습니다.
좋은 하루 보내시길 바랍니다.
감사합니다.

 정리 (Tóm tắt)

1. 문자 메시지는 휴대전화로 짧은 글을 보내고 받는 방법이다. 개인적이든 공적이든 빠르고 간편하게 사용할 수 있다.
Tin nhắn văn bản là cách gửi và nhận những đoạn văn ngắn qua điện thoại. Dùng được trong cả việc cá nhân và công việc, nhanh và tiện lợi.

2. 문자 메시지는 약속 확인, 정보 전달, 요청, 감사, 공지 등 다양한 목적으로 쓴다. 공식적인 메시지는 정중해야 하고, 비공식적인 메시지는 자유롭고 편안해야 한다.
Tin nhắn văn bản được viết với nhiều mục đích như xác nhận lịch hẹn, truyền đạt thông tin, yêu cầu, cảm ơn, thông báo. Tin nhắn chính thức cần lịch sự, còn tin nhắn không chính thức nên thoải mái và tự nhiên.

③ 인터넷 게시글 (Bài đăng trên Internet)

① 인터넷 게시글의 개념과 활용

인터넷 게시글은 온라인 공간에서 정보를 전달하거나 의견을 나누기 위해 작성되는 글이다. 이러한 글은 특정 주제를 중심으로 작성되며, 다양한 독자를 대상으로 한다. 게시글은 Q&A 사이트, 공지 게시판, 온라인 커뮤니티 등에서 주로 활용된다. 예를 들어 사용자가 궁금한 점을 질문하거나, 새로운 정보를 공유하거나, 특정한 공지를 알리기 위해 작성할 수 있다. 인터넷 게시글은 독자들에게 명확한 메시지를 전달하는 동시에 상호작용을 촉진하는 역할을 한다.

② 인터넷 게시글 작성의 목적과 상황

인터넷 게시글은 정보를 전달하거나 대화를 시작하기 위해 작성된다. 다음은 인터넷 게시글의 주요 목적과 상황이다.

목적	설명	상황
정보 전달	독자에게 필요한 정보를 제공한다.	회사 공지, 행사 안내, 서비스 변경 안내, 구매 후기
의견 요청	독자에게 질문하거나 정보를 구한다.	제품 사용법 문의, 환불과 교환 정보 요청
공지 및 안내	특정 정보를 다수에게 전달한다.	모임 시간 공지, 규칙 변경 안내, 모임 취소 안내
홍보 및 소개	특정 상품, 서비스, 활동 등을 소개한다.	신제품 홍보, 행사 소개
피드백 요청	의견을 수집하여 개선점을 찾는다.	설문 요청, 고객 피드백 요청

③ **인터넷 게시글 작성 방식과 유형**

인터넷 게시글은 목적에 따라 다양한 방식으로 작성된다. 다음은 게시글의 주요 유형과 작성 방식이다.

유형	설명	예시
Q&A 게시글	질문 형식으로 작성하고 대답한다. 특히 교환, 환불, 사용법 등과 관련된 내용을 많이 다룬다.	- ○○ 제품의 설치 방법을 알고 싶습니다. - 구매한 상품에 문제가 있어 교환 가능한지 궁금합니다.
공지 게시글	정보를 전달하기 위해 작성하며, 제목과 내용을 구분한다.	- ○○ 모임 시간 변경 안내
홍보 게시글	상품, 서비스, 이벤트 등을 소개하여 독자의 참여를 유도한다.	- ○○ 이벤트에 참여하고 경품 받아 가세요!

④ **인터넷 게시글의 구성 요소**

인터넷 게시글 중 'Q&A'는 다음과 같은 구성 요소로 이루어진다.

구성 요소	설명	예시
질문(Q)	해결하고자 하는 문제나 궁금한 사항을 간결하게 묻는다.	- 제가 3일 전에 가방을 주문했는데요. 내일까지 받을 수 있나요?
배경 정보	질문에 필요한 상황이나 세부 정보를 추가한다.	- 주문 번호는 12345이며, 배송 상태가 '배송 중'으로 나옵니다.
답변(A)	질문에 대한 해결 방법이나 정보를 공손하게 제공한다.	- 고객님, 문의하신 내용에 대한 답변입니다. 배송 중이라고 나온다면 늦어도 내일까지는 도착합니다. 최대한 빨리 물건을 받을 수 있도록 하겠습니다.
추가 정보 및 연락처	추가 문의가 필요한 경우 연락할 수 있는 방법을 제공한다.	- 추가 문의가 있으시면 고객센터 123-456-7890으로 연락 주십시오.

⑤ 인터넷 게시글 작성 시 유의점

인터넷 게시글을 작성할 때는 제목을 간단히 써서 글의 내용을 바로 알 수 있게 해야 한다. 문장은 짧고 쉽게 작성해 독자가 내용을 빠르게 이해할 수 있도록 한다. 공지문은 격식을 갖추고, Q&A는 친근하면서도 예의를 갖춘 표현을 사용한다. 필요한 경우 독자가 참고할 수 있도록 관련 자료나 링크를 첨부하면 좋다.

⑥ 인터넷 게시글 작성의 예시1(중고 물건 판매 게시글)

제목: ○○ 노트북 중고로 판매합니다.	– ✕ ○
본문: 안녕하세요. ○○ 브랜드 노트북을 중고로 판매합니다. 　　　사용 기간은 약 2년이며, 상태는 매우 양호합니다. 　　　사양: Intel i5, 8GB RAM, 256GB SSD 　　　구성품: 충전기, 노트북 가방 포함 　　　판매 가격: 35만 원 (가격 조정 가능) 　　　관심 있으신 분은 010-1234-5678로 연락 부탁드립니다. 　　　직거래는 ○○역 근처에서 가능하며, 택배 거래도 가능합니다. 　　　감사합니다.	

⑦ 인터넷 게시글 작성의 예시2(중고 물건 판매 게시글)

한국대학교 학생회 게시판

안녕하세요? 저는 한국대학교에서 교환학생으로 공부하고 있는 스티븐입니다.
한국에 온 지 얼마 되지 않아 한국 문화도 배우고 싶고 한국어 실력도 늘리고 싶습니다. 혹시 저와 언어 교환을 하고 싶은 사람이 있습니까?
관심 있으신 분들은 학생회로 문의 부탁드립니다.
감사합니다!

1. 인터넷 게시글은 정보를 주고받기 위해 작성된다. 주로 Q&A, 공지, 커뮤니티에서 사용된다. 간단하고 명확하게 내용을 전달하는 것이 중요하다.
Bài đăng trên Internet được viết để trao đổi thông tin. Chủ yếu được sử dụng trên trang Q&A, thông báo và cộng đồng. Nội dung cần ngắn gọn và rõ ràng.

2. 인터넷 게시글은 정보 전달, 질문, 공지, 홍보 등 다양한 목적이 있다. 제목은 간단히 쓰고, 문장은 쉽고 짧게 써야 한다.
Bài đăng trên Internet có nhiều mục đích như cung cấp thông tin, đặt câu hỏi, thông báo và quảng bá. Tiêu đề nên ngắn gọn, câu văn dễ hiểu và ngắn.

4 안내문 (Thông báo hướng dẫn)

① 안내문의 개념과 활용

안내문은 특정한 정보를 독자에게 전달하거나 행동을 요청하기 위해 작성되는 글이다. 안내문은 공공장소, 직장, 학교 등 다양한 환경에서 사용되며, 독자가 쉽게 이해할 수 있도록 간단하고 정확한 표현을 사용한다. 예를 들어, 행사 일정 안내, 시설 사용 규칙, 공지 사항 등이 안내문의 대표적인 예이다.

안내문은 독자들에게 필요한 정보를 정확히 전달하는 데 초점을 맞추며 공적인 환경에서는 격식을 갖춘 문체를, 비공식적인 상황에서는 친근한 문체를 사용할 수 있다.

② 안내문의 목적과 상황

안내문은 정보를 전달하거나 규칙을 알리기 위해 작성된다. 아래는 안내문 작성의 주요 목적과 그 상황이다.

목적	설명	상황
정보 전달	독자에게 필요한 정보를 제공한다.	공지 사항, 행사 일정 안내
규칙 안내	특정 공간이나 활동의 규칙을 전달한다.	시설 사용 규칙, 안전 수칙
행동 요청	독자가 특정 행동을 하도록 요청한다.	설문 조사 참여, 행사 참가 등록 안내
공지 및 공고	여러 사람에게 중요한 소식을 알린다.	회사 공고, 학교 공지

③ **안내문 작성 방식과 유형**

안내문은 작성 목적에 따라 다양한 형식과 표현을 사용한다. 다음은 안내문의 주요 유형과 작성 방식이다.

유형	설명	예시
공지형 안내문	정보를 전달하고 행동을 요청하는 안내문	○○ 행사는 한국 호텔에서 진행됩니다.
규칙 안내문	특정 공간이나 활동의 규칙을 전달하는 안내문	박물관 관람 시 사진 촬영을 할 수 없습니다.
행동 요청문	독자가 특정 행동을 하도록 유도하는 안내문	설문 조사에 참여해 주시기를 부탁드립니다.

④ **안내문의 구성 요소**

안내문은 독자들이 필요한 정보를 한눈에 파악할 수 있도록 구성된다. 아래는 안내문의 구성 요소와 예시이다.

구성 요소	설명	예시
제목	안내문의 핵심 주제를 한눈에 보여준다.	2024년 행사 일정 안내

구성 요소	설명	예시
본문	전달하고자 하는 주요 정보를 포함한다.	행사 장소: 서울 ○○호텔 3층, 시간: 오후 2시
추가 정보	필요한 경우 상세 정보나 연락처를 포함한다.	문의 사항: 02-1234-5678로 연락 바랍니다.

⑤ 안내문 작성 시 유의점

안내문을 작성할 때는 독자가 내용을 쉽게 이해하고 행동할 수 있도록 신경 써야 한다. 문장은 간결하고 핵심만 담아야 한다. 불필요한 설명은 빼고 중요한 내용을 명확하게 전달하는 것이 좋다. 그리고 독자가 필요한 정보를 빠르게 찾을 수 있도록 구성해야 한다. 날짜, 시간, 장소 등 꼭 필요한 정보를 빠뜨리지 않고 구체적으로 작성하는 것도 중요하다.

⑥ 안내문 작성의 예시1(공지형 안내문)

회의 일정 변경 안내

안녕하세요, 팀원 여러분.
다음 주 예정된 회의 일정이 변경되었습니다. 새로운 일정은 아래와 같습니다.

- 날짜: 2024년 12월 10일
- 시간: 오후 2시
- 장소: 본사 2층 회의실

착오 없으시길 바랍니다. 감사합니다.

도서관 이용 안내

도서관 이용 시 아래 규칙을 반드시 준수해 주시기 바랍니다.

– 음식물 반입 금지
– 정숙 유지
– 이용 시간: 오전 9시~오후 9시

감사합니다.

📜 정리 (Tóm tắt)

1. 안내문은 정보를 전달하거나 행동을 요청하는 글이다. 공공장소, 회사, 학교 등에서 사용되며, 간단하고 명확하게 작성해야 한다.
Thông báo là bài viết để truyền thông tin hoặc yêu cầu hành động. Được sử dụng ở nơi công cộng, công ty, trường học và cần viết ngắn gọn, rõ ràng.

2. 안내문은 정보 전달, 규칙 안내, 행동 요청, 공지 등에 사용된다. 공식적인 경우 정중한 표현을, 비공식적인 경우 친근한 표현을 쓴다.
Thông báo được dùng để cung cấp thông tin, hướng dẫn quy tắc, yêu cầu hành động hoặc thông báo. Trong trường hợp chính thức, dùng ngôn ngữ lịch sự, còn không chính thức thì dùng cách nói thân thiện.

5 초대장 (Thư mời)

① 초대장의 개념과 활용

초대장은 행사를 알리고 초대받는 사람에게 정중히 참석을 요청하는 글이다.

주로 결혼식, 모임, 세미나 등 공식적이거나 개인적인 행사에서 사용된다. 초대 장은 행사의 목적과 성격을 잘 나타내야 하며, 정중하고 공손한 표현이 요구된다.

② 초대장 작성의 목적과 상황

목적	설명	상황
참석 요청	행사에 대한 내용을 전달하고 참여를 요청함	결혼식, 세미나, 회사 송년회, 집들이 등
정보 제공	행사의 일정, 장소 등 구체적 내용을 안내함	모임 시간 안내, 행사 세부 일정 등
감사의 뜻 전달	참석 여부에 대한 감사를 미리 표현함	초대와 함께 감사의 뜻을 포함할 때

③ 초대장의 작성 방식과 유형

초대장은 행사 성격에 따라 형식이 달라진다. 다음은 주요 유형과 작성 방식 이다.

유형	설명	예시
공식 초대장	격식을 갖춘 표현과 구조로 작성됨	○○ 세미나에 귀하를 초대합니다.
비공식 초대장	개인적인 행사나 모임에서 사용됨	주말에 저희 집에서 식사 함께해요.

④ 초대장의 구성 요소

초대장은 다음과 같은 구성 요소로 이루어진다.

구성 요소	설명	예시
제목	초대의 목적을 명확히 드러냄	○○ 행사 초대장

구성 요소	설명	예시
인사말	정중하고 친근하게 인사를 전함	안녕하십니까? ○○님께.
행사 정보	날짜, 시간, 장소 등 구체적인 정보를 제공함	2024년 12월 15일 오후 3시, 서울 ○○호텔
마무리	참석 요청과 함께 감사의 뜻을 표현함	참석해 주시면 감사하겠습니다.
연락처	추가 문의를 위한 연락 정보를 포함함	문의: 010-1234-5678

⑤ 초대장 작성 시 유의점

초대장을 작성할 때는 독자가 내용을 쉽게 이해하고 참석 여부를 결정할 수 있도록 해야 한다. 문장은 간결하고 예의 있게 작성해야 하며 날짜, 시간, 장소 같은 중요한 정보를 빠뜨리지 말아야 한다. 또한 초대의 목적과 행사의 성격에 따라 적절한 표현을 사용하는 것이 중요하다.

⑥ 초대장 작성의 예시1(공식 초대장)

정○○♥박○○ 결혼합니다.

안녕하십니까?
저희 두 사람이 사랑의 결실을 맺고자 결혼식을 올리게 되었습니다.
귀하를 모셔서 저희의 소중한 순간을 함께 나누고 싶습니다.

날짜: 202○년 12월 15일 (일요일)
시간: 오후 1시
장소: ○○ 호텔 3층 그랜드홀

참석해 주셔서 자리를 빛내 주시면 진심으로 감사하겠습니다.
문의 사항이 있으시면 010-1234-5678로 연락 부탁드립니다.

감사합니다.

⑦ 초대장 작성의 예시2(비공식 초대장)

한국어학과 공연 발표 초대장

안녕하십니까, 학우 여러분.

저희 한국어학과에서 준비한 202○년 공연 발표회에 귀하를 초대하고자 합니다.
우리가 열정적으로 준비한 무대를 함께 즐기며 격려해 주시면 감사하겠습니다.

날짜: 2024년 12월 15일 (금요일)
시간: 오후 6시
장소: 한국대학교 ○○홀

참석 여부와 문의 사항은 010-5678-1234로 연락 부탁드립니다.
다시 한번 감사드립니다.

한국어학과 드림

정리 (Tóm tắt)

1. 초대장은 행사에 초대하기 위해 작성된 글이다. 결혼식, 모임, 세미나 등 공식적이거나 개인적인 행사에서 사용된다. 정중하고 공손한 표현이 필요하다.
Thư mời là bài viết được soạn để mời tham dự sự kiện. Thường được dùng cho đám cưới, buổi họp mặt, hội thảo, hoặc các sự kiện cá nhân và chính thức. Cần sử dụng ngôn ngữ lịch sự và trang trọng.

2. 초대장은 참석 요청, 정보 제공, 감사의 뜻을 전하기 위해 작성된다. 행사 성격에 따라 공식적인 초대장과 비공식적인 초대장이 있다.
Thư mời được viết để yêu cầu tham dự, cung cấp thông tin và bày tỏ lòng cảm ơn. Tùy theo tính chất sự kiện, có thư mời chính thức và thư mời không chính thức.

6 **편지 (Thư tay)**

① 편지의 개념과 활용

편지는 작성자가 특정한 메시지를 상대방에게 전달하기 위해 작성하는 글이다. 이메일이나 문자 메시지에 비해 더 정중하고 개인적인 느낌을 전달하는 데 적합하다.

공식적인 편지는 감사, 요청, 사과와 같은 공적인 목적을 위해 작성되며 비공식적인 편지는 개인적인 감정과 안부를 전하는 데 사용된다. 편지는 예의를 갖춘 표현과 체계적인 구성이 중요하며, 글을 통해 전달하고자 하는 목적을 명확히 해야 한다.

② 편지 작성의 목적과 상황

목적	설명	상황
감사 표현	도움이나 협조에 대한 감사를 표현한다.	교수님께 지도 감사 편지, 축하 답례 편지
요청	정중하게 필요한 도움이나 자료를 요청한다.	회사에 자료 요청, 기관에 지원 요청
사과	실수나 잘못에 대해 정중히 사과한다.	업무 실수 사과, 약속 불이행 사과
축하	특별한 성취나 기념일을 축하하는 메시지를 전한다.	승진 축하 편지, 생일 축하 편지
안부 및 친목	개인적인 감정이나 안부를 나누며 관계를 강화한다.	친구나 가족에게 보내는 편지

③ 편지 작성 방식과 유형

편지는 목적에 따라 공식적이거나 비공식적으로 작성된다. 각각의 유형은 사용하는 말투와 표현에서 차이를 보인다.

유형	설명	예시
공식적인 편지	공식적인 편지는 공적인 상황에서 사용되며, 정중하고 격식을 갖춘 표현을 사용한다.	교수님, 지도해 주신 덕분에 이번 논문을 잘 마무리할 수 있었습니다. 진심으로 감사드립니다.
비공식적인 편지	비공식적인 편지는 친구나 가족과의 개인적인 소통을 위한 글이다. 감정과 친밀함을 자유롭게 표현할 수 있다.	○○야, 잘 지내지? 너와 함께했던 여행이 벌써 그리워.

④ 편지의 구성 요소

구성 요소	설명	예시
인사말	수신자에게 정중한 인사를 전한다.	존경하는 ○○○ 교수님께, 안녕하십니까? / ○○에게, 안녕?
본문	편지를 쓰는 이유와 필요한 내용을 전달한다.	다음 주 ○○ 행사와 관련해 도움을 요청드리고자 합니다. / 이번 방학 때 여행 갈까 해. 시간 돼?
마무리 인사	편지를 마무리하며 감사의 뜻이나 끝맺음 표현을 적는다.	다시 한번 감사드립니다. 건강 유의하세요. / 답장 기다릴게!
작성자 정보	발신자의 이름과 연락처를 적는다.	○○○ 올림/ ○○가

⑤ 편지 작성 시 유의점

편지를 쓸 때는 상황에 맞는 표현을 사용하는 것이 중요하다. 공식적인 편지는 예의를 갖춘 문장으로 작성해야 한다. 반면에 비공식적인 편지는 친근하고 편안한 표현이 적합하다. 편지는 단순히 정보를 전달하는 글이 아니다. 감정과 진심을 표현할 수 있는 글이므로 따뜻하고 진솔하게 작성해야 한다.

6 편지 작성의 예시1(감사 편지)

○○○ 교수님께

안녕하십니까, 교수님.
저는 이번 학기에 교수님의 수업을 수강한 ○○○입니다.

교수님께서 수업 시간에 들려주신 열정적인 강의와 실질적인 조언 덕분에 많은 것을 배우고 성장할 수 있었습니다. 특히 어려운 주제를 교수님께서 쉽게 설명해 주셔서 깊이 이해할 수 있었고, 과제를 통해 배운 교수법을 실제 수업에 적용할 수 있었습니다.

바쁘신 와중에도 질문에 친절히 답해 주시고, 방향을 제시해 주신 것이 저에게 큰 힘이 되었습니다. 덕분에 이번 학기를 성공적으로 마무리할 수 있었으며 학업뿐만 아니라 앞으로의 진로에 대한 계획도 세울 수 있었습니다.

앞으로도 교수님께 배운 것을 바탕으로 더 노력하고 발전해 나가겠습니다. 교수님께서 가르쳐 주신 가르침과 경험은 저에게 오랫동안 큰 힘이 될 것입니다.

다시 한번 진심으로 감사드립니다. 항상 건강하시고 곧 찾아 뵙겠습니다.

○○○ 올림

7 편지 작성의 예시2(안부 및 편지)

바이라에게

안녕, 바이라야!
오랜만에 이렇게 편지를 쓰니 참 기분이 좋다. 요즘 어떻게 지내? 잘 지내고 있는지 궁금하다. 나는 별일 없이 잘 지내고 있어. 네 소식이 너무 궁금해서 이렇게 편지를 쓰게 됐어.

얼마 전에 우리가 함께 여행 갔던 사진을 우연히 다시 보게 됐어. 그때 우리가 산으로 갔던 날, 정상에서 시원한 바람 맞으며 웃었던 기억이 떠오르더라. 네가 들려준 이야기에 서로 웃다가 배꼽 잡았던 것도 생생히 기억나. 맛집 찾아다니면서 실컷 먹고, 마지막 날에는 해변에서 놀았던 것도 정말 즐거웠어. 나에게는 정말 잊을 수 없는 추억이야.

이번 방학 때 시간이 된다면 그곳에 다시 가볼 수 있을까 싶어. 네 생각은 어떤지 궁금하다. 물론 이번에도 네가 맛집 리스트를 준비해 준다면 완벽할 것 같아! 일정은 천천히 맞춰 보면 좋겠고, 네가 가능하다면 정말 즐거울 것 같아.

시간 되면 꼭 답장 줘. 빨리 소식 듣고 싶어!

친구 투안이

정리 (Tóm tắt)

1. 편지는 특정 메시지를 전달하기 위해 작성하는 글이다. 이메일이나 문자보다 정중하고 개인적인 느낌을 전달하는 데 적합하다.

Thư tay là bài viết được soạn thảo để truyền tải một thông điệp cụ thể. Thư tay phù hợp để thể hiện sự trang trọng và cảm giác cá nhân hơn so với email hoặc tin nhắn.

2. 편지는 감사, 요청, 사과, 축하, 안부와 같은 목적을 위해 작성된다. 공식적인 편지는 정중하고 격식을 갖춘 표현을, 비공식적인 편지는 친근하고 편안한 표현을 사용한다.

Thư tay được viết với các mục đích như cảm ơn, yêu cầu, xin lỗi, chúc mừng và hỏi thăm. Thư chính thức cần sử dụng ngôn ngữ lịch sự và trang trọng, còn thư không chính thức sử dụng cách diễn đạt thân thiện và thoải mái.

03	실용문 작성에 필요한 어휘와 표현
	(Từ vựng và cách diễn đạt cần thiết khi viết văn bản thực dụng)

1 실용문 작성에 자주 사용하는 문형
(Các mẫu câu thường dùng khi viết văn bản thực dụng)

실용문은 글의 목적을 분명히 하고 독자가 이해하기 쉽게 정보를 전달해야 한다. 요청, 건의, 안내, 감사, 경고 등 다양한 상황에서 자주 쓰이는 문형을 소개한다. 한국어와 베트남어의 차이도 간단히 설명한다.

1 요청 표현 (Cách diễn đạt yêu cầu)

요청 표현은 상대방에게 도움이나 행동을 요청할 때 사용한다. 한국어에서는 공손한 표현을 위해 주로 '-아/어 주시다', '-아/어 주시면 감사하겠습니다', '-아/어 주시길 바랍니다'를 활용한다. 베트남어에서는 'xin', 'vui lòng' 등의 단어를 사용한다.

자료를 빠르게 검토해 주시면 감사하겠습니다.
Xin vui lòng kiểm tra tài liệu nhanh chóng giúp tôi.

신청서를 작성해 주시길 바랍니다.
Vui lòng điền vào đơn đăng ký giúp tôi.

추가 정보가 필요하면 알려 주십시오.
Nếu cần thêm thông tin, xin hãy cho tôi biết.

② **건의 표현 (Cách diễn đạt kiến nghị)**

건의 표현은 상대방에게 제안하거나 권유할 때 사용된다. 한국어에서는 주로 '-(으)면 좋겠다', '-(으)면 어떨까요?', '-아/어 보세요' 등의 문형이 사용되며, 베트남어에서는 'nếu... thì tốt', 'có thể... được không?'와 같은 표현이 사용된다.

회의 시간을 오전으로 조정하면 어떨까요?
Nếu điều chỉnh thời gian họp vào buổi sáng thì sao?

회의실 예약 시스템을 개선했으면 좋겠습니다.
Sẽ tốt hơn nếu hệ thống đặt phòng họp được cải thiện.

이 내용을 추가해 보시는 건 어떨까요?
Thêm nội dung này thì thế nào?

③ **안내 및 정보 전달 표현 (Cách diễn đạt hướng dẫn và truyền đạt thông tin)**

안내 표현은 정보를 전달하거나 독자에게 특정 행동을 알리는 데 사용된다. 한국어에서는 주로 '-습니다/-ㅂ니다', '-아/어 주십시오', '을/를 안내해 드립니다'와 같은 격식을 갖춘 표현을 사용한다. 베트남어에서는 'xin thông báo rằng', 'vui lòng làm theo hướng dẫn'와 같은 표현을 사용한다.

회의 일정이 아래와 같이 변경되었습니다.
Lịch họp đã được thay đổi như sau.

방문하실 때 신분증을 지참해 주시기 바랍니다.
Khi đến, vui lòng mang theo giấy tờ tùy thân.

행사 장소는 ○○호텔 3층입니다.

Địa điểm tổ chức sự kiện là tầng 3 khách sạn ○○.

④ 감사 표현 (Cách diễn đạt cảm ơn)

감사 표현은 상대방의 도움이나 협조에 대해 고마움을 표현할 때 사용된다. 한국어에서는 주로 '에 감사드립니다', '-아/어 주셔서 감사합니다', '덕분입니다'와 같은 문형을 사용하며, 베트남어에서는 'cảm ơn', 'nhờ vào... mà tôi' 등이 사용된다. 그리고 한국어는 감사의 의미를 강화하기 위해 '진심으로', '깊이', '덕분에'와 같은 표현을 추가하여 감정을 강조한다. 베트남어는 'xin chân thành'와 같은 표현으로 감사의 진심을 나타낸다.

도움을 주셔서 진심으로 감사드립니다.

Xin chân thành cảm ơn vì sự giúp đỡ của bạn.

귀하의 협조에 깊이 감사드립니다.

Tôi vô cùng cảm ơn sự hợp tác của quý vị.

이번 행사가 성공적으로 끝난 것은 모두 덕분입니다.

Sự kiện lần này thành công là nhờ vào tất cả mọi người.

⑤ 경고 및 금지 표현 (Cách diễn đạt cảnh báo và cấm đoán)

경고 표현은 위험을 알리거나 행동을 제한하기 위해 사용된다. 한국어에서는 주로 '-지 마십시오', '에 유의하십시오', '-(으)면 안 됩니다'와 같은 표현이 사용된다. 베트남어에서는 'không được', 'hãy chú ý' 등이 사용된다.

화재 위험이 있으니 주의해 주십시오.

Hãy chú ý vì có nguy cơ xảy ra cháy.

음식물 반입은 금지되어 있습니다.

Không được mang đồ ăn vào.

이 지역에서 흡연하시면 안 됩니다.

Không được hút thuốc ở khu vực này.

⑥ 조건 표현 (Cách diễn đạt điều kiện)

조건 표현은 특정 상황에서의 가능성을 설명하거나, 행동을 권장할 때 사용된다. 한국어에서는 'OO 시', '-(으)면', '-(으)ㄹ 경우', '-는다면/-ㄴ다면/-다면' 같은 조건문이 자주 사용되며 베트남어에서는 'nếu', 'trong trường hợp' 등이 이에 해당한다.

우천 시 행사가 취소됩니다.

Nếu trời mưa, sự kiện sẽ bị hủy.

추가 자료가 필요하시면 언제든지 연락해 주십시오.

Nếu cần thêm tài liệu, xin vui lòng liên hệ bất cứ lúc nào.

시간이 부족하다면 다음 주로 미뤄도 괜찮습니다.

Nếu không đủ thời gian, có thể hoãn lại đến tuần sau.

실용문에서 자주 쓰이는 문장은 작성자의 생각이나 의도를 독자에게 쉽게 전달하기 위해 필요하다. 한국어와 베트남어는 표현 방식이 다르지만 모두 간결하고 분명한 문장을 선호한다는 점에서 유사하다. 실용문 작성 시 상황에 맞는 문장을 적절히 사용하는 것이 중요하다.

1. 실용문은 글의 목적을 명확히 하고 정보를 쉽게 전달하기 위해 다양한 표현을 사용한다. 요청, 건의, 안내, 감사, 경고, 조건 표현 등이 자주 사용된다.
Văn bản thực dụng sử dụng đa dạng các cách diễn đạt để làm rõ mục đích và truyền tải thông tin một cách dễ hiểu. Các cách diễn đạt như: yêu cầu, kiến nghị, hướng dẫn, cảm ơn, cảnh báo và điều kiện được dùng phổ biến.

2. 요청 표현은 도움이나 행동을 요청할 때 사용된다. 한국어는 공손한 표현으로 '-아/어 주시다', '-아/어 주시면 감사하겠습니다'를 사용하며, 베트남어는 'xin', 'vui lòng'으로 정중함을 표현한다.
Cách diễn đạt yêu cầu được dùng khi muốn nhờ sự giúp đỡ hoặc hành động. Tiếng Hàn sử dụng cách nói lịch sự như '-아/어 주시다', '-아/어 주시면 감사하겠습니다', còn tiếng Việt dùng từ 'xin', 'vui lòng'.

3. 건의 표현은 제안을 할 때 사용된다. 한국어는 '-(으)면 좋겠다', '-(으)면 어떨까요?' 등을 사용하고, 베트남어는 'nếu... thì tốt', 'có thể... được không?' 같은 표현을 쓴다.
Cách diễn đạt kiến nghị được dùng khi đưa ra đề xuất. Tiếng Hàn sử dụng '-(으)면 좋겠다', '-(으)면 어떨까요?', còn tiếng Việt dùng 'nếu... thì tốt', 'có thể... được không?'.

4. 안내 및 정보 전달 표현은 정보를 전달하거나 행동을 알릴 때 사용된다. 한국어는 격식을 갖춘 표현을 사용하며, 베트남어는 'xin thông báo rằng', 'vui lòng làm theo hướng dẫn'를 사용한다.
Cách diễn đạt hướng dẫn và truyền đạt thông tin dùng để thông báo hoặc hướng dẫn hành động. Tiếng Hàn sử dụng cách nói trang trọng, còn tiếng Việt dùng 'xin thông báo rằng', 'vui lòng làm theo hướng dẫn'.

5. 감사 표현은 도움이나 협조에 감사의 뜻을 전할 때 사용된다. 한국어는 '진심으로', '깊이' 같은 표현으로 감정을 강조하며, 베트남어는 'xin chân thành' 등을 사용한다.
Cách diễn đạt cảm ơn được dùng để bày tỏ lòng biết ơn đối với sự giúp đỡ hoặc hợp tác. Tiếng Hàn nhấn mạnh cảm xúc với '진심으로', '깊이', còn tiếng Việt dùng 'xin chân thành'.

6. 경고 및 금지 표현은 위험을 알리거나 행동을 제한할 때 사용된다. 한국어는 '-지 마십시오', '에 유의하십시오'를 사용하며, 베트남어는 'không được', 'hãy chú ý'를 사용한다.
Cách diễn đạt cảnh báo và cấm đoán được dùng để thông báo nguy hiểm hoặc giới hạn hành động. Tiếng Hàn dùng '-지 마십시오', '에 유의하십시오', còn tiếng Việt dùng 'không được', 'hãy chú ý'.

7. 조건 표현은 특정 조건에서의 가능성을 설명할 때 사용된다. 한국어는 '-(으)면', '-는다면/-ㄴ다면/-다면'을 사용하고, 베트남어는 'nếu', 'trong trường hợp'를 사용한다.
Cách diễn đạt điều kiện được dùng để giải thích khả năng trong điều kiện cụ thể. Tiếng Hàn dùng '-(으)면', '-는다면/-ㄴ다면/-다면', còn tiếng Việt dùng 'nếu', 'trong trường hợp'.

② 실용문에 작성에 자주 사용하는 어휘
(Từ vựng thường dùng khi viết văn bản thực dụng)

① 모집 및 참여 (Tuyển dụng và tham gia)

모집 및 참여와 관련된 표현은 행사, 프로젝트, 교육 프로그램 등 다양한 활동에 사람들을 초대하거나 참여를 유도할 때 사용된다. 이 표현은 공식적인 상황뿐만 아니라 일상적인 소통에서도 많이 활용된다. '신청하다', '참가하다'와 같은 동사와 '신청서', '참여자'와 같은 명사가 자주 쓰인다.

한국어	베트남어	한국어	베트남어
신청서	đơn đăng ký	신청하다	đăng ký
참가자	người tham gia	참가하다	tham gia
등록	việc đăng kí	등록하다	ghi danh
지원	việc hỗ trợ, ứng tuyển	요청하다	yêu cầu
관심	sự quan tâm	접수하다	tiếp nhận

한국어	베트남어	한국어	베트남어
참여	việc tham gia	초대하다	mời
모집	việc tuyển dụng	협력하다	hợp tác
초대	lời mời		

신청서를 작성하고 다음 주까지 제출해 주세요.
Vui lòng điền đơn đăng ký và nộp trước tuần sau.

이번 행사에 많은 분들의 참여를 기다립니다.
Chúng tôi rất mong sự tham gia của mọi người tại sự kiện lần này.

신규 지원자는 서류 접수 마감일을 확인해 주세요.
Các ứng viên mới vui lòng kiểm tra hạn nộp hồ sơ.

등록 절차는 온라인으로 진행되며, 지원자는 이메일을 통해 결과를 확인할 수 있습니다.
Thủ tục đăng ký sẽ được thực hiện trực tuyến, ứng viên có thể kiểm tra kết quả qua email.

참가자 명단은 행사 시작 전날 공지될 예정입니다.
Danh sách người tham gia sẽ được thông báo vào ngày trước sự kiện.

② 공지와 안내 (Thông báo và hướng dẫn)

공지와 안내 표현은 정보를 전달하거나 특정 절차를 알리는 데 사용된다. 공식적인 문서나 구두 소통에서 많이 활용되며, '공지하다', '안내하다'와 같은 동사와 '공지', '안내문' 같은 명사가 주로 사용된다.

한국어	베트남어	한국어	베트남어
공지	thông báo	공지하다	thông báo
안내문	bảng hướng dẫn	안내하다	hướng dẫn
정보	thông tin	알리다	cho biết
절차	thủ tục	게시하다	đăng tải
변경 사항	thông tin thay đổi	전달하다	chuyển tải
일정	lịch trình	추가하다	bổ sung
요청	yêu cầu		

공지 사항을 확인하고 절차를 따라 주십시오.
Hãy kiểm tra thông báo và làm theo hướng dẫn.

이번 주 행사 안내문은 사무실에 비치되어 있습니다.
Thông báo sự kiện tuần này được đặt tại văn phòng.

일정 변경 사항은 이메일로 추가 공지하겠습니다.
Thông tin thay đổi lịch trình sẽ được thông báo thêm qua email.

새 정보를 안내드리니 참고하시기 바랍니다.
Chúng tôi xin cung cấp thông tin mới, vui lòng tham khảo.

안내된 절차를 준수해 주십시오.
Vui lòng tuân thủ thủ tục đã được hướng dẫn.

③ 교환 및 환불 (Đổi hàng và hoàn tiền)

교환 및 환불 표현은 상품의 문제를 해결하거나 절차를 안내하는 데 사용된
다. 이 표현들은 고객과의 원활한 소통과 신뢰 형성을 위해 중요하며, '환불하

다', '반환하다'와 같은 동사와 '환불', '교환', '영수증' 같은 명사가 주로 사용된다.

한국어	베트남어	한국어	베트남어
교환	đổi hàng	교환하다	đổi hàng
환불	hoàn tiền	환불하다	hoàn tiền
반품	trả hàng	반환하다	trả lại
영수증	hóa đơn	제출하다	nộp
결함	lỗi sản phẩm	승인하다	phê duyệt
요청	yêu cầu		
처리	xử lý		

영수증을 제출하면 환불이 가능합니다.
Nếu nộp hóa đơn, bạn có thể hoàn tiền.

교환은 상품 수령 후 14일 이내에만 가능합니다.
Việc đổi hàng chỉ được thực hiện trong vòng 14 ngày sau khi nhận sản phẩm.

결함 있는 제품은 고객센터로 반품해 주십시오.
Sản phẩm bị lỗi vui lòng trả lại tại trung tâm chăm sóc khách hàng.

환불 요청이 승인되면 처리가 진행됩니다.
Yêu cầu hoàn tiền được phê duyệt sẽ được xử lý tiếp theo.

반품된 상품은 7일 이내에 처리됩니다.
Sản phẩm trả lại sẽ được xử lý trong vòng 7 ngày.

④ **경고와 금지 (Cảnh báo và cấm đoán)**

경고와 금지 표현은 안전 문제를 경고하거나 행동을 제한할 때 사용된다. '금지되다', '주의하다'와 같은 동사와 '경고', '위험' 같은 명사가 많이 쓰인다. 이러한 표현은 공공장소와 같은 공식적인 상황에서 주로 활용된다.

한국어	베트남어	한국어	베트남어
경고	cảnh báo	금지되다	bị cấm
위험	nguy hiểm	주의하다	chú ý
주의 사항	lưu ý	조심하다	cẩn thận
제한	hạn chế	제한하다	hạn chế
금지 구역	khu vực cấm		
표지판	biển báo		

금지 구역에 접근하지 마세요.
Không được vào khu vực cấm.

경고 표지를 따라 안전을 확보해 주세요.
Hãy làm theo các biển cảnh báo để đảm bảo an toàn.

위험 지역에 진입 시 벌금이 부과될 수 있습니다.
Nếu vào khu vực nguy hiểm, bạn có thể bị phạt tiền.

특정 구역에서는 행동이 제한됩니다.
Một số khu vực sẽ bị giới hạn hành động.

안전을 위해 주의 사항을 반드시 확인하세요.
Vì an toàn, hãy kiểm tra kỹ các lưu ý.

⑤ **감사 및 요청 (Cảm ơn và yêu cầu)**

　감사 및 요청 표현은 상대방의 협조에 대해 고마움을 전하거나 추가적인 행동을 요청할 때 사용된다. 정중한 소통이 요구되는 상황에서 주로 활용되며, '감사하다', '요청하다' 같은 동사와 '감사', '협조', '도움' 같은 명사가 자주 쓰인다.

한국어	베트남어	한국어	베트남어
감사	sự cảm ơn	감사를 드리다	gửi lời cảm ơn
요청	yêu cầu	요청하다	yêu cầu
도움	sự giúp đỡ	부탁드리다	nhờ cậy
협조	sự hợp tác	돕다	giúp đỡ
확인	sự xác nhận		
지원	sự hỗ trợ		

귀하의 협조에 진심으로 감사드립니다.
Chân thành cảm ơn sự hợp tác của quý vị.

추가 자료를 요청드리니 확인 부탁드립니다.
Xin yêu cầu thêm tài liệu và vui lòng xác nhận.

여러분의 지원 덕분에 프로젝트가 성공적으로 마무리되었습니다.
Nhờ sự hỗ trợ của mọi người, dự án đã hoàn thành thành công.

도움을 주신 분들께 감사의 말씀을 전합니다.
Xin gửi lời cảm ơn tới những người đã giúp đỡ.

새로운 협조 요청 사항은 이메일로 전달드리겠습니다.
Chúng tôi sẽ gửi yêu cầu hợp tác mới qua email.

⑥ 변경 및 확인 (Thay đổi và xác nhận)

변경 및 확인 표현은 일정, 장소, 시간 등 다양한 변경 사항을 전달하거나 이를 확인할 것을 요청할 때 사용된다. '변경하다', '확인하다'와 같은 동사와 '변경', '확인', '일정' 같은 명사가 주로 쓰인다.

한국어	베트남어	한국어	베트남어
변경	sự thay đổi	변경하다	thay đổi
확인	sự xác nhận	확인하다	xác nhận
조정	sự điều chỉnh	조정하다	điều chỉnh
수정	sự sửa đổi	수정하다	sửa đổi
일정	lịch trình		
추가	sự bổ sung		

회의 일정 변경 사항을 확인해 주세요.
Vui lòng kiểm tra thông tin thay đổi lịch họp.

장소가 변경되었으니 안내된 주소를 참고하시기 바랍니다.
Địa điểm đã thay đổi, vui lòng tham khảo địa chỉ được hướng dẫn.

시간 조정을 요청드리니 답변 부탁드립니다.
Xin yêu cầu điều chỉnh thời gian và vui lòng phản hồi.

변경된 내용을 이메일로 보내드리겠습니다.
Chúng tôi sẽ gửi thông tin thay đổi qua email.

일정 수정 후 다시 알려드리겠습니다.
Sau khi chỉnh sửa lịch trình, chúng tôi sẽ thông báo lại.

⑦ 초대와 참석 (Mời và tham dự)

초대와 참석 표현은 행사, 모임, 회의 등에 대한 초대와 참석을 요청하거나 독려할 때 사용된다. 주로 '초대하다', '참석하다' 같은 동사와 '초대장', '참석자' 같은 명사가 사용된다.

한국어	베트남어	한국어	베트남어
초대장	thiệp mời	초대하다	mời
참석자	người tham dự	참석하다	tham dự
환영 인사	lời chào mừng	환영하다	chào mừng
모임	buổi gặp mặt	참여하다	tham gia
초대	lời mời		
참석	sự tham dự		

초대장을 받으셨다면 참석 여부를 알려주세요.

Nếu bạn đã nhận được thiệp mời, vui lòng cho biết có tham dự hay không.

참석자 명단을 확인 후 회신 부탁드립니다.

Hãy kiểm tra danh sách người tham dự và phản hồi lại.

행사에서 귀하를 환영할 수 있기를 기대합니다.

Chúng tôi rất mong được chào đón quý vị tại sự kiện.

모임 장소는 이메일로 안내드렸습니다.

Địa điểm buổi gặp mặt đã được gửi qua email.

참석을 원하시면 사전 등록을 부탁드립니다.

Nếu muốn tham dự, vui lòng đăng ký trước.

⑧ **의견 교환 및 제안 (Trao đổi ý kiến và đề xuất)**

의견 교환 및 제안 표현은 정보 공유, 피드백 요청, 새로운 아이디어 제안 등에 사용된다. '제안하다', '답변하다' 같은 동사와 '의견', '질문', '피드백' 같은 명사가 주로 활용된다.

한국어	베트남어	한국어	베트남어
제안	đề xuất	제안하다	đề xuất
질문	câu hỏi	질문하다	đặt câu hỏi
답변	câu trả lời	답변하다	trả lời
논의	cuộc thảo luận	논의하다	thảo luận
피드백	phản hồi		
의견	ý kiến		

제안 사항에 대한 의견을 자유롭게 남겨주세요.
Hãy tự do để lại ý kiến về các đề xuất.

질문이 있다면 언제든지 이메일로 보내주세요.
Nếu có câu hỏi, hãy gửi qua email bất cứ lúc nào.

피드백을 통해 프로젝트를 개선하고자 합니다.
Chúng tôi muốn cải thiện dự án thông qua phản hồi của bạn.

논의된 내용을 문서로 정리해 주시길 바랍니다.
Vui lòng tổng hợp nội dung đã được thảo luận vào văn bản.

더 나은 결과를 위해 제안을 기다립니다.
Chúng tôi mong đợi những đề xuất để đạt được kết quả tốt hơn.

정리 (Tóm tắt)

1. 모집 및 참여는 행사나 활동에 사람들을 초대하거나 참여를 유도할 때 사용된다. '신청하다', '참가하다' 같은 동사와 '신청서', '참여자' 같은 명사가 자주 쓰인다.
'Tuyển dụng và tham gia' được sử dụng khi mời mọi người tham dự sự kiện hoặc hoạt động. Các động từ như 'đăng ký', 'tham gia' và danh từ như 'đơn đăng ký', 'người tham gia' được sử dụng phổ biến.

2. 공지와 안내는 정보를 전달하거나 특정 절차를 알릴 때 사용된다. '공지하다', '안내하다' 같은 동사와 '공지', '안내문' 같은 명사가 많이 쓰인다.
'Thông báo và hướng dẫn' được dùng để truyền tải thông tin hoặc thông báo các thủ tục cụ thể. Các động từ như 'thông báo', 'hướng dẫn' và danh từ như 'thông báo', 'bảng hướng dẫn' được sử dụng phổ biến.

3. 교환 및 환불은 상품 문제를 해결하거나 절차를 안내할 때 사용된다. '환불하다', '교환하다' 같은 동사와 '환불', '교환' 같은 명사가 많이 쓰인다.
'Đổi hàng và hoàn tiền' được dùng để giải quyết vấn đề sản phẩm hoặc hướng dẫn quy trình. Các động từ như 'hoàn tiền', 'đổi hàng' và danh từ như 'hoàn tiền', 'đổi hàng' được sử dụng phổ biến.

4. 경고와 금지는 안전 문제를 경고하거나 행동을 제한할 때 사용된다. '주의하다', '금지되다' 같은 동사와 '경고', '위험' 같은 명사가 주로 쓰인다.
'Cảnh báo và cấm đoán' được dùng để cảnh báo các vấn đề an toàn hoặc giới hạn hành động. Các động từ như 'chú ý', 'bị cấm' và danh từ như 'cảnh báo', 'nguy hiểm' được sử dụng phổ biến.

5. 감사 및 요청은 도움에 감사하거나 추가적인 요청을 할 때 사용된다. '감사하다', '요청하다' 같은 동사와 '감사', '요청' 같은 명사가 자주 쓰인다.
'Cảm ơn và yêu cầu' được dùng để bày tỏ lòng biết ơn hoặc thực hiện các yêu cầu bổ sung. Các động từ như 'cảm ơn', 'yêu cầu' và danh từ như 'sự cảm ơn', 'yêu cầu' được sử dụng phổ biến.

6. 변경 및 확인은 일정, 장소 등의 변경 사항을 알리거나 확인을 요청할 때 사용된다. '변경하다', '확인하다' 같은 동사와 '변경', '확인' 같은 명사가 주로 쓰인다.
'Thay đổi và xác nhận' được dùng để thông báo các thay đổi về lịch trình, địa điểm hoặc yêu cầu xác nhận. Các động từ như 'thay đổi', 'xác nhận' và danh từ như 'sự thay đổi', 'sự xác nhận' được sử dụng phổ biến.

7. 초대와 참석은 행사나 모임에 초대하거나 참석을 요청할 때 사용된다. '초대하다', '참석하다' 같은 동사와 '초대장', '참석자' 같은 명사가 사용된다.
'Mời và tham dự' được dùng để mời hoặc yêu cầu tham dự các sự kiện hoặc buổi họp. Các động từ như 'mời', 'tham dự' và danh từ như 'thiệp mời', 'người tham dự' được sử dụng phổ biến.

8. 의견 교환 및 제안은 정보 공유, 피드백 요청, 새로운 아이디어 제안 등에 사용된다. '제안하다', '답변하다' 같은 동사와 '의견', '피드백' 같은 명사가 주로 활용된다.
'Trao đổi ý kiến và đề xuất' được dùng để chia sẻ thông tin, yêu cầu phản hồi hoặc đưa ra ý tưởng mới. Các động từ như 'đề xuất', 'trả lời' và danh từ như 'ý kiến', 'phản hồi' được sử dụng phổ biến.

③ 실용문에서 자주 사용되는 표현
(Cách diễn đạt thường dùng trong văn bản thực dụng)

① 조건 표현 (Cách diễn đạt điều kiện)

조건 표현은 특정 조건이 충족될 때 결과가 나타나는 상황을 설명하는 데 사용된다. 실용문에서는 독자에게 상황에 따라 발생할 수 있는 결과를 명확히 전달하기 위해 조건 표현을 활용한다. 한국어에서는 '-(으)면', '-는/-ㄴ 경우', '-는다면/-ㄴ다면/-다면'과 같은 표현이 자주 사용되며, 베트남어에서는 'nếu', 'trong trường hợp'과 같은 표현으로 나타낸다.

날씨가 좋으면 행사가 야외에서 열립니다.

Nếu thời tiết tốt, sự kiện sẽ tổ chức ngoài trời.

신청자가 많을 경우 추첨을 진행합니다.

Trong trường hợp có nhiều người đăng ký, sẽ tiến hành rút thăm.

문의가 있을 경우 안내 데스크를 이용해 주십시오.

Trong trường hợp có thắc mắc, xin hãy sử dụng bàn hướng dẫn.

늦는 경우 미리 연락해 주세요.

Nếu đến muộn, vui lòng liên lạc trước.

추가 자료가 필요한 경우 요청해 주시기 바랍니다.

Nếu cần thêm tài liệu, xin hãy yêu cầu.

② 원인과 결과 표현 (Cách diễn đạt nguyên nhân và kết quả)

원인과 결과 표현은 사건이나 상황의 이유와 그로 인한 결과를 설명하는 데 사용된다. 실용문에서는 이유를 명확히 전달해 독자가 상황을 이해하고 적절히 대응할 수 있도록 돕는다. 한국어에서는 '-기 때문에', '-어서/-아서/-여서', '(으)로 인해' 등이 자주 사용되며, 베트남어에서는 'do', 'vì', 'bởi vì'와 같은 표현으로 나타난다.

행사 장소가 변경되었기 때문에 다시 공지드립니다.

Do địa điểm đã thay đổi, chúng tôi xin thông báo lại.

날씨가 나빠서 행사가 취소되었습니다.

Vì thời tiết xấu, sự kiện đã bị hủy.

교통 체증으로 인해 회의가 지연되었습니다.
Do tắc đường, cuộc họp đã bị trì hoãn.

서버 문제로 인해 서비스가 일시 중단됩니다.
Do vấn đề máy chủ, dịch vụ sẽ tạm thời bị gián đoạn.

신청서가 누락되어서 처리가 지연되었습니다.
Vì thiếu hồ sơ đăng ký, việc xử lý bị chậm trễ.

③ 대조 표현 (Cách diễn đạt sự đối lập)

대조 표현은 두 가지 상황이나 사실의 차이점이나 상반된 내용을 비교하고 강조할 때 사용된다. 실용문에서는 대조 표현을 통해 독자가 상황의 양면을 이해할 수 있도록 돕는다. 한국어에서는 '하지만', '그러나', '반면에'와 같은 표현이 자주 사용되며, 베트남어에서는 'nhưng', 'tuy nhiên', 'trái lại' 등이 사용된다.

신청자는 많았지만 모든 분을 수용할 수는 없습니다.
Có nhiều người đăng ký nhưng không thể tiếp nhận tất cả.

이 제품은 저렴하지만 품질이 우수합니다.
Sản phẩm này rẻ nhưng chất lượng rất tốt.

참여 인원이 늘었지만 예산은 한정적입니다.
Số người tham gia tăng nhưng ngân sách có hạn.

프로젝트는 어렵지만 성과가 기대됩니다.
Dự án này khó nhưng kết quả rất đáng mong đợi.

휴식 시간이 짧았으나 참석자 모두 만족했습니다.

Thời gian nghỉ ngắn nhưng tất cả người tham dự đều hài lòng.

④ 부가 표현 (Cách diễn đạt bổ sung)

부가 표현은 정보를 더하거나 내용을 보충할 때 사용된다. 실용문에서는 독자에게 명확하고 풍부한 정보를 전달하기 위해 부가 표현을 사용한다. 한국어에서는 '그리고', '게다가', '또한'과 같은 표현이 자주 사용되며, 베트남어에서는 'và', 'thêm vào đó', 'ngoài ra'가 이에 해당한다.

행사 장소는 변경되었고, 일정도 조정되었습니다.

Địa điểm sự kiện đã thay đổi và lịch trình cũng được điều chỉnh.

신청서는 온라인으로 제출할 수 있으며, 방문 접수도 가능합니다.

Đơn đăng ký có thể nộp trực tuyến và cũng có thể nộp trực tiếp.

이 안내문은 행사 일정뿐만 아니라 장소 정보도 포함하고 있습니다.

Bảng hướng dẫn này không chỉ bao gồm lịch trình sự kiện mà còn thông tin về địa điểm.

강의 내용은 이론뿐만 아니라 실습도 포함됩니다.

Nội dung bài giảng bao gồm cả lý thuyết lẫn thực hành.

변경된 일정은 이메일로 공지되었고, 홈페이지에도 업데이트되었습니다.

Lịch trình thay đổi đã được thông báo qua email và cũng được cập nhật trên trang chủ.

⑤ **목적 표현 (Cách diễn đạt mục đích)**

목적 표현은 작성자가 독자에게 전달하려는 의도를 명확히 설명할 때 사용된다. 실용문에서는 목적을 분명히 하여 독자가 행동하거나 정보를 이해하기 쉽게 돕는다. 한국어에서는 '-기 위해', '-(으)려고', '-고자'와 같은 표현이 사용되며, 베트남어에서는 'để', 'nhằm' 등이 이에 해당한다.

정보를 공유하기 위해 이 공지를 작성합니다.
Thông báo này được viết để chia sẻ thông tin.

참여를 독려하려고 안내문을 배포했습니다.
Chúng tôi đã phát hành bảng hướng dẫn nhằm khuyến khích sự tham gia.

의견을 수집하기 위해 설문 조사를 진행합니다.
Tiến hành khảo sát để thu thập ý kiến.

참가자를 모집하려고 포스터를 제작했습니다.
Chúng tôi đã thiết kế poster để tuyển người tham gia.

협조를 요청하기 위해 공문을 발송했습니다.
Gửi công văn nhằm yêu cầu sự hợp tác.

⑥ **강조 표현 (Cách diễn đạt nhấn mạnh)**

강조 표현은 중요한 내용을 강조하거나 독자에게 주목을 끌기 위해 사용된다. 실용문에서는 독자가 핵심 메시지를 쉽게 이해할 수 있도록 돕는다. 한국어에서는 '특히', '무엇보다도', '-(으)ㄴ/는 점에서'와 같은 표현이 사용되며, 베트남어에서는 'đặc biệt', 'hơn hết', 've̒ mặt' 등이 자주 사용된다.

이번 행사에서는 특히 안전에 유의해 주시기 바랍니다.
Trong sự kiện lần này, đặc biệt chú ý đến an toàn.

이 제품은 무엇보다도 내구성이 뛰어납니다.
Sản phẩm này hơn hết có độ bền vượt trội.

공지 내용을 확인하는 것이 중요합니다.
Quan trọng là phải kiểm tra nội dung thông báo.

이번 주는 회의 참석이 무엇보다 필수입니다.
Tuần này, việc tham dự cuộc họp là điều tối quan trọng.

이 점에서 여러분의 관심이 필요합니다.
Về mặt này, cần sự quan tâm của các bạn.

⑦ 비교 표현 (Cách diễn đạt so sánh)

비교 표현은 두 가지 이상의 항목을 비교하여 차이점이나 유사점을 설명할 때 사용된다. 실용문에서는 독자가 선택하거나 결정을 내리는 데 도움을 준다. 한국어에서는 '보다', '에 비해', '와/과 달리'와 같은 표현이 사용되며 베트남어에서는 'so với', 'khác với' 등이 활용된다.

올해 행사 규모는 작년보다 더 큽니다.
Quy mô sự kiện năm nay lớn hơn so với năm ngoái.

이전 제품에 비해 성능이 향상되었습니다.
Tính năng đã được cải thiện so với sản phẩm trước.

이 장소는 다른 곳에 비해 교통이 편리합니다.

Địa điểm này thuận tiện giao thông hơn so với nơi khác.

회의 일정이 과거와 달리 더 유동적입니다.

Lịch trình họp linh hoạt hơn khác với trước đây.

이 가격은 경쟁사보다 저렴합니다.

Giá này rẻ hơn so với đối thủ cạnh tranh.

⑧ 전환 표현 (Cách diễn đạt chuyển đổi)

전환 표현은 독자가 논리적 흐름을 이해할 수 있도록 문장을 연결하거나 주제를 변경할 때 사용된다. 실용문에서는 전환 표현을 통해 내용의 연속성을 높이고 독자의 이해를 돕는다. 한국어에서는 '그러므로', '따라서', '그럼에도 불구하고'와 같은 표현이 자주 사용되며, 베트남어에서는 'do đó', 'vì vậy', 'mặc dù vậy' 등이 사용된다.

신청자가 많았습니다. 따라서 추가 모집은 없습니다.

Có nhiều người đăng ký. Vì vậy sẽ không có tuyển bổ sung.

예산이 부족합니다. 그러므로 계획을 조정해야 합니다.

Ngân sách không đủ. Do đó cần phải điều chỉnh kế hoạch.

문제가 해결되었습니다. 그럼에도 불구하고 추가 확인이 필요합니다.

Vấn đề đã được giải quyết. Mặc dù vậy cần kiểm tra thêm.

행사 시간이 부족합니다. 따라서 일정이 축소되었습니다.

Thời gian sự kiện bị thiếu. Vì vậy lịch trình đã bị rút ngắn.

의견이 갈렸습니다. 그럼에도 불구하고 결정을 내렸습니다.

Ý kiến không đồng nhất. Mặc dù vậy, quyết định đã được đưa ra.

정리 (Tóm tắt)

1. 조건 표현(Cách diễn đạt điều kiện)은 특정 조건이 충족될 때 결과가 나타나는 상황을 설명한다. 한국어에서는 '-(으)면', '-는/-ㄴ 경우', '-는다면/-ㄴ다면/-다면'을, 베트남어에서는 'nếu', 'trong trường hợp'을 사용한다.

Cách diễn đạt điều kiện được dùng để diễn tả kết quả xảy ra khi một điều kiện nhất định được đáp ứng. Tiếng Hàn dùng '-(으)면', '-는/-ㄴ 경우', '-는다면/-ㄴ다면/-다면', còn tiếng Việt dùng 'nếu', 'trong trường hợp'.

2. 원인과 결과 표현(Cách diễn đạt nguyên nhân và kết quả)은 사건이나 상황의 이유와 그로 인한 결과를 설명한다. 한국어에서는 '-기 때문에', '-어서/-아서/-여서', '(으)로 인해'를, 베트남어에서는 'do', 'vì', 'bởi vì'를 사용한다.

Cách diễn đạt nguyên nhân và kết quả được dùng để giải thích lý do và kết quả của một sự kiện hoặc tình huống. Tiếng Hàn dùng '-기 때문에', '-어서/-아서/-여서', '(으)로 인해', còn tiếng Việt dùng 'do', 'vì', 'bởi vì'.

3. 대조 표현(Cách diễn đạt sự đối lập)은 두 가지 상황이나 사실의 차이점을 강조할 때 사용한다. 한국어에서는 '하지만', '그러나', '반면에'를, 베트남어에서는 'nhưng', 'tuy nhiên', 'trái lại'를 사용한다.

Cách diễn đạt sự đối lập được dùng để nhấn mạnh sự khác biệt giữa hai tình huống. Tiếng Hàn dùng '하지만', '그러나', '반면에', còn tiếng Việt dùng 'nhưng', 'tuy nhiên', 'trái lại'.

4. 부가 표현(Cách diễn đạt bổ sung)은 정보를 추가하거나 내용을 보충할 때 사용된다. 한국어에서는 '그리고', '게다가', '또한'을, 베트남어에서는 'và', 'thêm vào đó', 'ngoài ra'를 사용한다.

Cách diễn đạt bổ sung được dùng để thêm hoặc bổ sung thông tin. Tiếng Hàn dùng '그리고', '게다가', '또한', còn tiếng Việt dùng 'và', 'thêm vào đó', 'ngoài ra'.

5. 목적 표현(Cách diễn đạt mục đích)은 독자가 행동해야 할 이유나 목표를 설명할 때 사용된다. 한국어에서는 '-기 위해', '-(으)려고', '-고자'를, 베트남어에서는 'để', 'nhằm'을 사용한다.

Cách diễn đạt mục đích được dùng để giải thích lý do hoặc mục tiêu. Tiếng Hàn dùng '-기 위해', '-(으)려고', '-고자', còn tiếng Việt dùng 'để', 'nhằm'.

6. 강조 표현(Cách diễn đạt nhấn mạnh)은 중요한 내용을 강조하거나 독자의 주의를 끌기 위해 사용된다. 한국어에서는 '특히', '무엇보다도', '-(으)ㄴ/는 점에서'를, 베트남어에서는 'đặc biệt', 'hơn hết', 'về mặt'을 사용한다.

Cách diễn đạt nhấn mạnh được dùng để làm nổi bật nội dung quan trọng. Tiếng Hàn dùng '특히', '무엇보다도', '-(으)ㄴ/는 점에서', còn tiếng Việt dùng 'đặc biệt', 'hơn hết', 'về mặt'.

7. 비교 표현(Cách diễn đạt so sánh)은 두 가지 이상의 항목을 비교하여 차이점이나 유사점을 설명할 때 사용된다. 한국어에서는 '보다', '에 비해', '와/과 달리'를, 베트남어에서는 'so với', 'khác với'를 사용한다.

Cách diễn đạt so sánh được dùng để giải thích sự khác biệt hoặc tương đồng giữa hai đối tượng. Tiếng Hàn dùng '보다', '에 비해', '와/과 달리', còn tiếng Việt dùng 'so với', 'khác với'.

8. 전환 표현(Cách diễn đạt chuyển đổi)은 논리적 흐름을 연결하거나 주제를 변경할 때 사용된다. 한국어에서는 '그러므로', '따라서', '그럼에도 불구하고'를, 베트남어에서는 'do đó', 'vì vậy', 'mặc dù vậy'를 사용한다.

Cách diễn đạt chuyển đổi được dùng để liên kết mạch lạc hoặc thay đổi chủ đề. Tiếng Hàn dùng '그러므로', '따라서', '그럼에도 불구하고', còn tiếng Việt dùng 'do đó', 'vì vậy', 'mặc dù vậy'.

④ 실용문에 사용하는 문장 구조
(Cấu trúc câu sử dụng trong văn bản thực dụng)

실용문에서는 정보를 간결하고 효과적으로 전달하기 위해 특정 문장 구조가 자주 사용된다. 베트남어와 한국어는 문장 구조에서 차이를 보이지만 실용문 작성에서는 논리적이고 명확한 전달을 목표로 한다는 점에서 공통점이 있다. 아래에서는 실용문에서 효과적으로 활용할 수 있는 문장 구조를 중심으로 설명하고, 실용적인 예문을 제시한다.

① 단문 중심의 정보 전달 구조

단문은 간결하고 명확한 정보 전달에 적합하다. 실용문에서는 독자가 빠르게 이해할 수 있도록 불필요한 부사구나 형용사구를 줄이고 핵심 정보를 강조한다.

한국어 예문	베트남어 번역
회의는 오후 2시에 시작합니다.	Cuộc họp bắt đầu vào 2 giờ chiều.
등록 마감일은 12월 1일입니다.	Hạn cuối đăng ký là ngày 1 tháng 12.
행사 장소는 3층입니다.	Địa điểm tổ chức sự kiện là tầng 3.
연락처를 확인해 주세요.	Xin vui lòng kiểm tra lại thông tin liên lạc.
추가 정보는 이메일로 보내드립니다.	Thông tin bổ sung sẽ được gửi qua email.

② 복문을 활용한 세부 정보 전달

복문은 여러 정보를 연결하거나 이유, 조건 등을 설명할 때 유용하다. 한국어에서는 접속사(그리고, 그러나, -기 때문에 등)를 활용하고 베트남어에서는 대응되는 표현을 사용한다.

한국어 예문	베트남어 번역
회의는 오후 2시에 시작하며, 장소는 3층입니다.	Cuộc họp bắt đầu vào 2 giờ chiều, địa điểm là tầng 3.
자료를 제출하지 않으면 등록이 완료되지 않습니다.	Nếu không nộp tài liệu, việc đăng ký sẽ không hoàn tất.

한국어 예문	베트남어 번역
참석자는 신분증을 지참해야 하며, 마스크 착용이 필수입니다.	Người tham dự phải mang giấy tờ tùy thân và đeo khẩu trang.
날씨가 좋지 않기 때문에 행사는 연기되었습니다.	Vì thời tiết không tốt, sự kiện đã bị hoãn.
시간과 장소를 확인하고 참석해 주십시오.	Hãy kiểm tra thời gian và địa điểm, sau đó tham dự.

③ 연결어를 활용한 문장 결합

실용문에서는 정보 간의 논리적 관계를 명확히 하기 위해 연결어를 자주 사용한다. 특히 대조(하지만, 그러나), 조건(만약, -(으)면), 원인(때문에, -어서/-아서/-여서) 등을 통해 문장을 결합한다.

한국어 예문	베트남어 번역
자료를 준비했지만, 회의 시간이 변경되었습니다.	Tôi đã chuẩn bị tài liệu, nhưng thời gian họp đã thay đổi.
날씨가 좋으면 야외에서 진행됩니다.	Nếu thời tiết đẹp, sự kiện sẽ được tổ chức ngoài trời.
등록이 완료되지 않았기 때문에 참석이 어렵습니다.	Vì chưa hoàn tất đăng ký, tôi không thể tham dự.
회의 시간이 바뀌었으므로 다시 확인해 주세요.	Vì thời gian họp đã thay đổi, xin hãy kiểm tra lại.
많은 관심을 부탁드립니다. 그러나 예산은 한정적입니다.	Mong nhận được nhiều sự quan tâm. Tuy nhiên, ngân sách có hạn.

④ 공손하고 정중한 표현 중심의 문장

실용문에서는 독자와의 관계를 고려하여 정중한 어미와 표현을 사용한다.

한국어에서는 '-습니다/-ㅂ니다', '-(으)시길 바랍니다'와 같은 표현이, 베트남어에서는 'xin', 'vui lòng', 'nhờ' 등이 사용된다.

한국어 예문	베트남어 번역
신청서를 작성해 주시길 바랍니다.	Xin vui lòng điền vào đơn đăng ký.
참석 여부를 알려 주십시오.	Xin vui lòng thông báo về việc tham dự.
회의 준비에 협조해 주셔서 감사합니다.	Cảm ơn quý vị đã hợp tác trong việc chuẩn bị cuộc họp.
행사에 많은 참석 부탁드립니다.	Mong nhận được sự tham dự đông đảo của mọi người.
새로운 공지를 이메일로 보내드렸습니다.	Thông báo mới đã được gửi qua email.

실용문 작성에서는 단문과 복문, 연결어를 적절히 활용하고 공손한 표현을 사용하는 것이 중요하다. 이러한 문장 구조는 독자가 쉽게 이해할 수 있도록 하며, 실용문 작성의 목적을 효과적으로 달성할 수 있도록 돕는다.

정리 (Tóm tắt)

1. 실용문에서는 정보를 간결하고 효과적으로 전달하기 위해 특정 문장 구조가 사용된다. 베트남어와 한국어의 문장 구조에 차이가 있지만, 논리적이고 명확한 전달을 목표로 한다는 점에서 공통점이 있다.
Trong văn bản thực dụng, cấu trúc câu được sử dụng để truyền đạt thông tin một cách ngắn gọn và hiệu quả. Mặc dù có sự khác biệt giữa cấu trúc câu của tiếng Hàn và tiếng Việt, nhưng cả hai đều hướng tới mục tiêu truyền tải thông tin một cách rõ ràng và logic.

2. 단문은 정보를 간결하게 전달하기 위해 불필요한 부사구와 형용사구를 줄이고 핵심 정보를 강조하는 방식으로 구성된다. 이를 통해 독자가 내용을 빠르게 이해할 수 있도록 돕는다.
Câu đơn được sử dụng để truyền đạt thông tin một cách ngắn gọn bằng cách loại bỏ các cụm trạng ngữ và tính ngữ không cần thiết, nhấn mạnh vào thông tin cốt lõi. Điều này giúp người đọc hiểu nội dung một cách nhanh chóng.

3. 복문은 여러 정보를 연결하거나 이유, 조건 등을 설명할 때 사용되며, 한국어에서는 접속사(그리고, 그러나, -기 때문에 등)를 활용하고 베트남어에서는 이에 대응하는 표현이 사용된다. Câu phức được sử dụng để liên kết nhiều thông tin hoặc giải thích lý do, điều kiện. Trong tiếng Hàn, các liên từ như '그리고', '그러나', '-기 때문에' thường được sử dụng, trong khi tiếng Việt có các biểu thức tương ứng.

4. 문장 간 논리적 관계를 명확히 하기 위해 연결어를 활용하여 문장을 결합하며, 대조(하지만, 그러나), 조건(만약, -(으)면), 원인(때문에, -어서/-아서/-여서) 등의 표현이 사용된다. Để làm rõ mối quan hệ logic giữa các câu, từ nối được sử dụng để liên kết các câu lại với nhau. Các biểu thức như đối lập (하지만, 그러나), điều kiện (만약, -(으)면), nguyên nhân (때문에, -어서/-아서/-여서) thường xuyên được sử dụng.

5. 실용문에서는 독자와의 관계를 고려하여 정중한 표현을 사용해야 하며, 한국어에서는 '-습니다/-ㅂ니다', '-(으)시길 바랍니다' 등의 표현이, 베트남어에서는 'xin', 'vui lòng', 'nhờ' 등의 표현이 활용된다.
Trong văn bản thực dụng, cần sử dụng biểu thức lịch sự tùy theo mối quan hệ với độc giả. Trong tiếng Hàn, các biểu thức như '-습니다/-ㅂ니다', '-(으)시길 바랍니다' được sử dụng, trong khi trong tiếng Việt, các từ như 'xin', 'vui lòng', 'nhờ' được sử dụng.

5 실용문 작성에서 효과적인 표현과 유의점
(Những cách diễn đạt hiệu quả và lưu ý khi viết văn bản thực dụng)

실용문 작성에서는 효과적인 표현을 사용하고, 독자의 이해를 돕기 위해 주의해야 할 요소들을 고려해야 한다. 적절한 표현의 선택과 피해야 할 표현, 문화적 차이를 반영한 작성법은 실용문의 완성도를 높이는 핵심 요소이다. 아래에서는 이를 하나로 묶어 설명한다.

① 적합한 표현 선택

효과적인 실용문 작성은 상황에 적합한 표현을 선택하는 데서 시작된다. 공적인 상황에서는 정중하고 격식을 갖춘 표현을, 비공적인 상황에서는 간단하고 자연스러운 표현을 사용하는 것이 좋다.

공적인 표현	비공적인 표현
확인 부탁드립니다.	이따 연락 줘!
자료를 검토해 주시길 바랍니다.	그거 좀 봐 줘.
참석 여부를 알려주시면 감사하겠습니다.	올 거면 말해 줘.

② 감정 전달을 위한 표현

실용문에서는 긍정적 감정과 부정적 감정을 적절히 표현해야 한다. 긍정적 표현은 감사나 축하를 전달하는 데 유용하며, 부정적 표현은 주의나 금지 상황에서 사용된다.

표현 유형	한국어 예문	베트남어 번역
감사 표현	도움을 주셔서 감사합니다.	Cảm ơn bạn đã giúp đỡ.
축하 표현	성공을 축하드립니다!	Xin chúc mừng thành công của bạn!
주의 표현	화재 위험이 있으니 조심하세요.	Hãy cẩn thận vì nguy cơ cháy.
금지 표현	음식물 반입은 금지되어 있습니다.	Không được mang thức ăn vào.

③ 피해야 할 표현

실용문에서는 복잡하거나 모호한 표현, 불필요한 반복, 비격식적 표현을 지양해야 한다. 명확하고 간결한 표현을 통해 독자의 이해를 돕는 것이 중요하다.

피해야 할 표현	개선된 표현
적절한 시기에 알려드릴 예정입니다.	11월 25일까지 알려드리겠습니다.
같은 내용이 여러 번 반복될 경우 독자가 피로를 느낄 수 있습니다.	같은 내용을 반복하지 마십시오.
알겠습니다.	확인하였습니다.

④ **언어적 차이 반영**

한국어와 베트남어의 문화적 차이를 이해하고 표현에 반영하는 것도 중요하다. 한국어에서는 존칭과 격식을 강조하기 위해 다양한 표현을 사용하는 반면 베트남어는 간결하고 직설적인 표현이 사용된다.

상황	한국어 표현	베트남어 표현
요청	회의 자료를 제출해 주시길 바랍니다.	Xin nộp tài liệu cuộc họp.
안내	이 문서는 첨부 파일로 제공됩니다.	Tài liệu này được gửi kèm theo tệp đính kèm.
감사	협조해 주셔서 감사합니다.	Cảm ơn sự hợp tác của bạn.

실용문 작성에서 효과적인 표현 사용과 유의점은 명확하고 간결한 정보 전달의 기본이다. 적합한 표현을 선택하고, 불필요한 요소를 피하며, 문화적 차이를 반영하는 문장은 실용문의 완성도를 높이고, 독자와의 원활한 소통을 가능하게 한다.

 정리 (Tóm tắt)

1. 실용문에서는 상황에 맞는 표현을 사용해야 한다. 공적인 상황에서는 정중하게, 비공적인 상황에서는 간단하게 표현한다.

Trong văn bản thực dụng, cần sử dụng biểu đạt phù hợp với tình huống. Trong tình huống chính thức, nên dùng biểu đạt lịch sự, còn trong tình huống không chính thức, biểu đạt nên đơn giản.

2. 실용문에서는 명확하고 간결한 표현을 사용해야 한다. 복잡하거나 모호한 표현은 피하는 것이 좋다.
Trong văn bản thực dụng, cần sử dụng biểu đạt rõ ràng và ngắn gọn. Nên tránh biểu đạt phức tạp hoặc mơ hồ.

III

자료 분석하고 표현하기
Phân tích và biểu đạt dữ liệu

III 자료 분석하고 표현하기
Phân tích và biểu đạt dữ liệu

---

01 표와 그래프의 특징 (Đặc điểm của bảng và đồ thị)

표와 그래프를 읽는 첫 단계는 제목, 축, 단위, 주요 수치를 정확히 이해하는 것이다. 제목은 자료의 주제를 정확하게 전달하며, 축과 단위는 데이터를 분석하고 비교하는 데 중요한 기준이 된다.

 표 (Bảng)

표는 데이터를 정리해 항목별 비교와 정확한 수치를 보여 준다. 그래프는 데이터의 변화를 쉽게 볼 수 있도록 시각적으로 나타내며 정확한 수치를 보여 준다. 표와 그래프는 서로 보완할 수 있는 도구로, 상황에 따라 알맞게 사용할 수 있다.

한국인의 주요 국가별 방문객 수 (단위: 만 명)

국가	2022년 방문객 수	2023년 방문객 수
일본	120	150
베트남	100	120
필리핀	80	100
태국	70	90
미국	60	70

출처: 한국관광공사

이 표는 2022년과 2023년 주요 국가별 방문객 수를 보여 준다.

Bảng này cho thấy số lượng khách đến các quốc gia chính vào các năm 2022 và 2023.

일본은 두 해 모두 가장 많은 방문객 수를 기록했으며, 2023년에는 150만 명으로 증가했다.

Nhật Bản ghi nhận số lượng khách đến cao nhất trong cả hai năm, tăng lên 1,5 triệu người vào năm 2023.

베트남과 필리핀은 2023년에 각각 120만 명과 100만 명으로 증가 추세를 보였다.

Việt Nam và Philippines đã ghi nhận xu hướng tăng trưởng, lần lượt đạt 1,2 triệu và 1 triệu người vào năm 2023.

2 그래프 (Đồ thị)

그래프는 정보를 시각적으로 표현하는 도구로, 목적에 따라 적절한 유형이 다르다. 막대그래프는 항목 간 비교를, 원그래프는 비율 비교를, 선그래프는 변화 추이를 보여 주기에 적합하다.

1 막대그래프 (Đồ thị cột)

막대그래프는 항목 간 데이터를 시각적으로 비교하는 데 효과적이다.

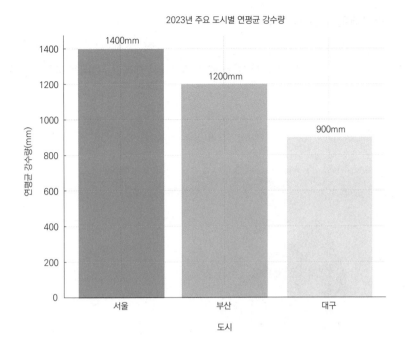

이 그래프는 2023년 서울, 부산, 대구의 연평균 강수량을 보여 준다.

Biểu đồ này thể hiện lượng mưa trung bình hàng năm của Seoul, Busan và Daegu vào năm 2023.

서울은 1400mm로 가장 높은 강수량을 기록했으며, 대구는 900mm로 가장 낮았다.

Seoul ghi nhận lượng mưa cao nhất với 1400mm, trong khi Daegu có lượng mưa thấp nhất với 900mm.

부산과 대구의 강수량 차이는 약 300mm로 나타났다.

Sự chênh lệch về lượng mưa giữa Busan và Daegu là khoảng 300mm.

② **원그래프 (Đồ thị tròn)**

원그래프는 전체 데이터에서 항목별 비율을 시각적으로 비교하는 데 효과적이다.

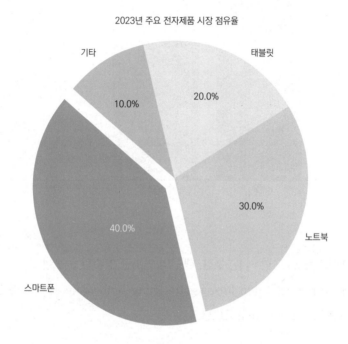

2023년 주요 전자제품 시장 점유율

이 그래프는 2023년 한국에서 스마트폰, 노트북, 태블릿, 기타 전자제품의 시장 점유율을 보여 준다.

Biểu đồ này thể hiện tỷ lệ thị phần của smartphone, laptop, tablet và các sản phẩm điện tử khác ở Hàn Quốc vào năm 2023.

스마트폰은 40%로 가장 높은 점유율을 차지했으며, 기타 전자제품은 10%로 가장 낮았다.

Smartphone chiếm tỷ lệ cao nhất với 40%, trong khi các sản phẩm điện tử khác chỉ chiếm 10%.

노트북은 30%, 태블릿은 20%로 나타났다.

Laptop chiếm 30%, trong khi tablet chiếm 20%.

③ 선그래프 (Đồ thị đường)

선그래프는 시간에 따른 데이터의 변화와 추이를 나타내는 데 효과적이다.

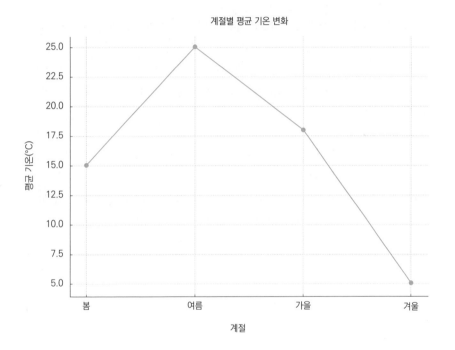

이 그래프는 계절별 평균 기온 변화를 나타낸다.

Biểu đồ này thể hiện sự thay đổi nhiệt độ trung bình theo từng mùa.

여름은 평균 기온이 25°C로 가장 높았으며, 겨울은 평균 5°C로 가장 낮았다.

Mùa hè có nhiệt độ trung bình cao nhất là 25°C, trong khi mùa đông có nhiệt độ thấp nhất là 5°C.

봄에서 여름으로 갈수록 기온이 급격히 상승하고, 가을부터 겨울까지는 점차 하락하는 추세를 보였다.

Nhiệt độ tăng mạnh từ mùa xuân đến mùa hè và giảm dần từ mùa thu đến mùa đông.

정리 (Tóm tắt)

1. 표는 데이터를 정리해 항목별 비교와 정확한 수치를 보여준다. 그래프는 데이터를 시각적으로 나타내어 변화나 비교를 쉽게 볼 수 있게 한다.
Bảng giúp sắp xếp dữ liệu và so sánh các mục một cách chính xác. Đồ thị thể hiện dữ liệu một cách trực quan, giúp dễ dàng nhìn thấy sự thay đổi và so sánh.

2. 막대그래프는 항목 간 비교에 유용하고, 원그래프는 비율 비교에, 선그래프는 변화 추이를 보여주는 데 효과적이다.
Biểu đồ cột hữu ích trong việc so sánh các mục, biểu đồ tròn thích hợp để so sánh tỷ lệ, và biểu đồ đường thể hiện xu hướng thay đổi theo thời gian.

표와 그래프 분석에 사용되는 표현
(Các cách diễn đạt sử dụng trong phân tích bảng và đồ thị)

1 조사 개요와 출처 (Tổng quan nghiên cứu và nguồn gốc)

조사 개요와 출처를 설명하는 표현은 데이터를 분석하고 신뢰성을 높이는 데 중요하다. 조사 대상, 조사 기간, 자료의 출처를 정확히 전달해야 한다. 다음은 이것을 표현하기 위한 문형과 예문이다.

1 조사 대상 (Đối tượng nghiên cứu)

- ___은/는 ___을/를 대상으로 조사된 자료이다.
- ___은/는 ___의 데이터를 바탕으로 분석한 것이다.
- ___은/는 ___을/를 포함한 자료이다.
- ___은/는 ___을/를 기반으로 작성된 결과이다.
- ___은/는 ___의 주요 정보를 활용한 자료이다.

이 그래프는 한국의 주요 도시를 대상으로 조사된 자료이다.
Biểu đồ này là dữ liệu được khảo sát từ các thành phố chính của Hàn Quốc.

이 표는 서울, 부산, 대구의 데이터를 바탕으로 분석한 것이다.
Bảng này được phân tích dựa trên dữ liệu của Seoul, Busan và Daegu.

이 조사 결과는 한국과 베트남을 포함한 자료이다.
Kết quả khảo sát này bao gồm dữ liệu của Hàn Quốc và Việt Nam.

이 그래프는 2023년 한국과 일본의 데이터를 기반으로 작성된 결과이다.
Biểu đồ này được xây dựng dựa trên dữ liệu của Hàn Quốc và Nhật Bản năm 2023.

이 통계는 주요 전자제품의 판매 정보를 활용한 자료이다.

Thống kê này sử dụng thông tin bán hàng của các sản phẩm điện tử chính.

② 조사 기간 (Thời gian nghiên cứu)

> • ___은/는 ___ 부터 ___까지 조사된 결과를 나타낸 것이다.
> • ___은/는 ___년부터 ___년까지의 데이터를 포함하고 있다.
> • ___은/는 최근 ___년간의 데이터를 반영한다.
> • ___은/는 ___에 걸쳐 조사된 자료이다.
> • ___은/는 ___의 _을/를 기준으로 한다.

이 표는 2020년부터 2023년까지 조사된 결과를 나타낸 것이다.

Bảng này thể hiện kết quả khảo sát từ năm 2020 đến năm 2023.

이 그래프는 2021년부터 2023년까지의 데이터를 포함하고 있다.

Biểu đồ này bao gồm dữ liệu từ năm 2021 đến năm 2023.

이 자료는 최근 5년간의 데이터를 반영한다.

Dữ liệu này phản ánh thông tin trong 5 năm gần đây.

이 통계는 2019년부터 2023년에 걸쳐 조사된 자료이다.

Thống kê này là dữ liệu được khảo sát từ năm 2019 đến năm 2023.

이 데이터는 2022년부터 수집된 정보를 기준으로 한다.

Dữ liệu này được dựa trên thông tin được thu thập từ năm 2022.

③ 자료 출처 (Nguồn dữ liệu)

> • ___은/는 ___에서 제공한 자료이다.
> • ___은/는 ___에서 발표한 통계이다.
> • ___은/는 ___에서 작성한 결과이다.
> • ___은/는 ___에서 수집된 데이터를 활용한 것이다.
> • ___은/는 ___의 연구 결과를 바탕으로 한다.

이 자료는 한국관광공사에서 제공한 자료이다.

Dữ liệu này được cung cấp bởi Tổng cục Du lịch Hàn Quốc.

이 그래프는 한국무역협회에서 발표한 통계이다.

Biểu đồ này là số liệu thống kê được công bố bởi Hiệp hội Thương mại Hàn Quốc.

이 표는 국제통화기금(IMF)에서 작성한 결과이다.

Bảng này là kết quả được xây dựng bởi Quỹ Tiền tệ Quốc tế (IMF).

이 데이터는 한국은행에서 수집된 데이터를 활용한 것이다.

Dữ liệu này sử dụng thông tin được thu thập từ Ngân hàng Trung ương Hàn Quốc.

이 통계는 아시아개발은행의 연구 결과를 바탕으로 한다.

Thống kê này được dựa trên kết quả nghiên cứu của Ngân hàng Phát triển Châu Á.

┌───┐
│ 📃 **정리 (Tóm tắt)**   │

1. 조사 대상은 특정 지역이나 그룹을 기준으로 자료를 수집하고 분석한 것이다.
Đối tượng nghiên cứu là dữ liệu được thu thập và phân tích dựa trên khu vực
hoặc nhóm cụ thể.

2. 조사 기간은 자료가 수집된 기간을 명확히 전달한다.
Thời gian nghiên cứu là khoảng thời gian mà dữ liệu được thu thập, và cần
được truyền đạt rõ ràng.

3. 자료 출처는 데이터를 제공한 기관이나 출처를 명시한다.
Nguồn dữ liệu chỉ rõ tổ chức hoặc nguồn cung cấp thông tin.
└───┘

2 순위와 비율 (Xếp hạng và tỷ lệ)

표와 그래프에서 데이터를 해석할 때 순위와 비율을 나타내는 표현은 매우
중요하다. 아래는 순위와 비율을 설명하는 기본 문형과 예문이다. 먼저 순위 표
현이다.

① 순위 표현 (Biểu đạt xếp hạng)

① 가장 높은 순위 (Xếp hạng cao nhất)

> • ___은/는 ___%로 가장 높은 순위를 차지했다.

서울은 45%로 가장 높은 순위를 차지했다.
Seoul đạt vị trí cao nhất với 45%.

쌀국수는 70%로 가장 높은 순위를 차지했다.
Phở chiếm vị trí cao nhất với 70%.

② 순위 기록 (Ghi nhận xếp hạng)

> • ___은/는 ___%로 ___위를 기록했다.

여행은 30%로 두 번째 순위를 기록했다.
Du lịch chiếm vị trí thứ hai với 30%.

독서는 20%로 세 번째 순위를 기록했다.
Đọc sách đứng vị trí thứ ba với 20%.

③ 순위 상승 (Tăng hạng)

> • ___은/는 ___에서 ___위로 순위가 상승했다.

축구는 4위에서 2위로 순위가 상승했다.
Bóng đá tăng hạng từ vị trí thứ tư lên thứ hai.

드라마 시청은 5위에서 3위로 순위가 상승했다.
Xem phim truyền hình tăng từ vị trí thứ năm lên thứ ba.

④ 순위 하락 (Giảm hạng)

> • ___은/는 ___에서 ___위로 순위가 하락했다.

농구는 2위에서 4위로 순위가 하락했다.
Bóng rổ giảm hạng từ vị trí thứ hai xuống thứ tư.

음악 감상은 3위에서 5위로 순위가 하락했다.
Nghe nhạc giảm từ vị trí thứ ba xuống thứ năm.

⑤ 순위 유지 (Duy trì hạng)

> • ___은/는 ___와/과 비교하여 같은 순위를 유지했다.

필리핀은 20%로 작년과 비교하여 같은 순위를 유지했다.
Philippines giữ nguyên vị trí so với năm ngoái với 20%.

독일은 15%로 베트남과 비교하여 같은 순위를 유지했다.
Đức giữ nguyên vị trí so với Việt Nam với 15%.

⑥ 순위 나열 (Liệt kê xếp hạng)

> • ___, ___, ___ 순으로 나타났다.

일본, 베트남, 필리핀 순으로 나타났다.
Nhật Bản, Việt Nam, Philippines xuất hiện theo thứ tự.

축구, 농구, 배드민턴 순으로 나타났다.
Bóng đá, bóng rổ, cầu lông xuất hiện theo thứ tự.

⑦ 다음 순위 (Xếp hạng tiếp theo)

> • ___이/가 그 뒤를 이었다.

드라마가 그 뒤를 이었다.
Phim truyền hình theo sau đó.

농구가 그 뒤를 이었다.
Bóng rổ theo sau đó.

② 비율 표현 (Cách diễn đạt tỷ lệ)

① 비율 차지 (Chiếm tỷ lệ)

> • ___은/는 전체의 ___%를 차지했다.

쌀국수는 전체의 70%를 차지했다.
Phở chiếm 70% tổng số.

채소 섭취는 전체의 50%를 차지했다.
Tiêu thụ rau chiếm 50% tổng số.

② 변화 정도 (Mức độ thay đổi)

> • ___은/는 ___%로 크게/큰 폭으로/다소/소폭으로 증가했다.
> • ___은/는 ___%로 크게/큰 폭으로/다소/소폭으로 감소했다.

채소 섭취는 40%로 큰 폭으로 증가했다.
Tiêu thụ rau tăng mạnh lên 40%.

설탕 섭취는 30%로 소폭 감소했다.
Tiêu thụ đường giảm nhẹ xuống còn 30%.

③ 비율 상승 (Tăng tỷ lệ)

> • ___은/는 ___%에서 ___%로 증가했다.

쌀국수 선호도는 60%에서 75%로 증가했다.
Sự ưa chuộng phở tăng từ 60% lên 75%.

운동 참여율은 40%에서 55%로 증가했다.

Tỷ lệ tham gia thể thao tăng từ 40% lên 55%.

④ 비율 하락 (Giảm tỷ lệ)

> • ___은/는 ___%에서 ___%로 감소했다.

설탕 소비는 30%에서 20%로 감소했다.

Tiêu thụ đường giảm từ 30% xuống 20%.

고기 섭취는 50%에서 40%로 감소했다.

Tiêu thụ thịt giảm từ 50% xuống 40%.

⑤ 동일한 비율 (Tỷ lệ giống nhau)

> • ___이/가 모두 ___%로 동일하게 나타났다.

남성과 여성의 운동 참여율이 모두 60%로 동일하게 나타났다.

Tỷ lệ tham gia thể thao của nam và nữ đều bằng nhau ở mức 60%.

한국과 베트남의 인터넷 사용률이 모두 80%로 동일하게 나타났다.

Tỷ lệ sử dụng internet ở Hàn Quốc và Việt Nam đều bằng nhau ở mức 80%.

⑥ 부족 강조 (Nhấn mạnh sự thiếu hụt)

> • ___은/는 ___%에 불과했다.

채소 섭취는 10%에 불과했다.

Tiêu thụ rau chỉ đạt 10%.

도서 구매율은 5%에 불과했다.

Tỷ lệ mua sách chỉ đạt 5%.

③ 비교와 대조 (So sánh và đối chiếu)

표와 그래프를 활용하여 데이터를 비교하고 차이를 분석하는 표현을 확인한다. 아래는 비교와 대조를 설명하는 기본 문형과 예문이다.

① 비교 표현 (Biểu đạt so sánh)

- ___은/는 ___보다 ___이/가 더 많다/적다.
- ___은/는 ___와/과 비교하면 ___이/가 많다/적다.
- ___은/는 ___보다 ___% 높다/낮다.
- ___은/는 ___에 비해 ___이/가 더 많다/적다.
- ___은/는 ___와/과 비교했을 때 ___이/가 나타났다.

서울의 강수량은 부산보다 더 많다.

서울 có lượng mưa nhiều hơn Busan.

국내 제작 영화의 관객 수는 해외 영화보다 적다.

Số lượng khán giả của phim sản xuất trong nước ít hơn so với phim nước ngoài.

한국인의 쌀 소비량은 밀 소비량과 비교하면 많다.

Mức tiêu thụ gạo của người Hàn Quốc cao hơn so với lúa mì.

대학생들의 독서 시간은 직장인과 비교하면 적다.

Thời gian đọc sách của sinh viên đại học ít hơn so với người đi làm.

서울의 연평균 강수량은 부산보다 10% 높다.

Lượng mưa trung bình hàng năm ở Seoul cao hơn 10% so với Busan.

청소년의 독서율은 성인보다 15% 낮다.

Tỷ lệ đọc sách của thanh thiếu niên thấp hơn 15% so với người lớn.

온라인 쇼핑몰 이용률은 오프라인 매장에 비해 더 많다.

Tỷ lệ sử dụng mua sắm trực tuyến cao hơn so với cửa hàng trực tiếp.

한국의 커피 소비는 베트남에 비해 더 적다.

Lượng tiêu thụ cà phê ở Hàn Quốc ít hơn so với Việt Nam.

스마트폰 판매량은 태블릿과 비교했을 때 꾸준히 증가하는 변화가 나타났다.

Doanh số smartphone cho thấy sự tăng trưởng đều đặn khi so với máy tính bảng.

한국의 인터넷 보급률은 베트남과 비교했을 때 연간 성장률에서 큰 차이가 나타났다.

Tỷ lệ phổ cập internet ở Hàn Quốc khác biệt lớn về tốc độ tăng trưởng hàng năm so với Việt Nam.

② **대조 표현 (Cách diễn đạt sự đối lập)**

- ___은/는 ___지만 ___은/는 ___(으)로 나타났다.
- ___은/는 ___(으)로 _(으)나 ___은/는 ___(으)로 나타났다.
- ___은/는 ___(으)ㄴ 반면(에) ___은/는 ___(으)로 나타났다.

도서관 이용률은 작년에 비해 증가했지만, 문화센터 이용률은 감소한 것으로 나타났다.

Tỷ lệ sử dụng thư viện tăng so với năm ngoái, trong khi tỷ lệ sử dụng trung tâm văn hóa lại giảm.

대학생의 독서율은 높아졌지만, 중고등학생의 독서율은 감소로 나타났다.

Tỷ lệ đọc sách của sinh viên đại học tăng, trong khi học sinh trung học lại giảm.

전기차 판매량은 올해 상승세로 나타났으나 자전거 판매량은 하락세로 나타났다.

Doanh số xe điện tăng trong năm nay, trong khi doanh số xe đạp lại giảm.

전자책 구독률은 꾸준한 증가를 보였으나 종이책 판매량은 감소한 것으로 나타났다.

Tỷ lệ đăng ký sách điện tử tăng đều đặn, trong khi doanh số sách giấy giảm.

텀블러 사용률은 증가한 반면 일회용 컵 사용률은 감소한 것으로 나타났다.

Tỷ lệ sử dụng bình giữ nhiệt tăng, trong khi tỷ lệ sử dụng cốc dùng một lần lại giảm.

휴대폰 사용 시간은 늘어난 반면 텔레비전 시청 시간은 줄어든 것으로 나타났다.

Thời gian sử dụng điện thoại tăng, trong khi thời gian xem TV lại giảm.

올해의 겨울 기온은 작년과 달리 더 따뜻한 것으로 나타났다.

Nhiệt độ mùa đông năm nay ấm hơn so với năm ngoái.

온라인 교육 플랫폼 이용률은 오프라인 학습과 다르게 꾸준히 증가한 것으로 나타났다.

Tỷ lệ sử dụng nền tảng giáo dục trực tuyến tăng đều đặn, khác với học tập trực tiếp.

태블릿의 활용도는 노트북과 달리 감소 추세를 보였다.

Mức độ sử dụng máy tính bảng giảm, khác với laptop.

새로운 건강보조식품의 판매율은 기존 제품과 다르게 꾸준히 증가하는 추세를 보였다.

Doanh số thực phẩm bổ sung sức khỏe mới tăng đều, khác với các sản phẩm hiện tại.

정리 (Tóm tắt)

1. 순위를 나타내는 표현은 특정 항목의 순위를 비교하거나 기록하는 데 사용된다.
Cách diễn đạt xếp hạng được sử dụng để so sánh hoặc ghi nhận thứ hạng của các mục.

2. 비율을 나타내는 표현은 전체에서 특정 항목이 차지하는 비율을 설명하거나 변화 정도를 나타낸다.
Cách diễn đạt tỷ lệ được sử dụng để mô tả tỷ lệ của một mục trong tổng thể hoặc mức độ thay đổi.

3. 비교 표현은 두 항목을 비교하여 차이를 설명하고, 대조 표현은 두 항목의 상반된 결과를 나타낸다.
Cách diễn đạt so sánh được sử dụng để so sánh sự khác biệt giữa hai mục, trong khi biểu đạt sự đối lập dùng để thể hiện kết quả trái ngược giữa hai mục.

④ 추이와 변화 (Xu hướng và thay đổi)

표와 그래프를 통해 시간적 변화를 분석하고 이를 서술하는 표현을 학습한다. 아래는 추이와 변화를 설명하는 기본 문형과 예문이다.

- ___은/는 ___부터 ___까지 꾸준히 증가했다/감소했다.
- ___은/는 ___년 이후 증가하는/감소하는 추세를 보였다.
- ___은/는 ___에서 ___까지 큰 변화를 보였다.
- ___은/는 ___ 동안 꾸준한 변화를 경험했다.
- ___은/는 ___부터 ___까지 큰 변동 없이 유지되었다.
- ___은/는 ___ 동안 점진적으로 증가했다/감소했다.
- ___은/는 ___에는 ___%에 불과했지만 ___에는 ___%로 증가했다.
- ___은/는 ___에는 ___%나 되었지만 ___에는 ___%로 감소했다.
- ___은/는 ___에 갑자기/급격히/잠시 증가했다가 다시 감소했다.
- ___은/는 ___에 갑자기/급격히/잠시 감소했다가 다시 증가했다.

서울의 인구는 2000년부터 2020년까지 꾸준히 증가했다.
Dân số của Seoul đã tăng đều đặn từ năm 2000 đến năm 2020.

자동차 등록 대수는 2015년 이후 감소하는 추세를 보였다.
Số lượng xe đăng ký cho thấy xu hướng giảm từ năm 2015 trở đi.

스마트폰 판매량은 2018년에서 2021년까지 큰 변화를 보였다.
Doanh số bán smartphone đã có sự thay đổi lớn từ năm 2018 đến năm 2021.

온라인 쇼핑몰 이용률은 지난 10년 동안 꾸준히 증가했다.
Tỷ lệ sử dụng mua sắm trực tuyến đã tăng đều đặn trong 10 năm qua.

커피 소비량은 2005년부터 2020년까지 큰 변동 없이 유지되었다.
Lượng tiêu thụ cà phê đã được duy trì ổn định từ năm 2005 đến

năm 2020.

비타민 섭취량은 2010년부터 2020년 동안 점진적으로 증가했다.
Lượng tiêu thụ vitamin tăng dần trong khoảng thời gian từ năm
2010 đến năm 2020.

고속철도 이용률은 2010년에 15%에 불과했지만 2020년에는 50%로 증가
했다.
Tỷ lệ sử dụng tàu cao tốc chỉ đạt 15% vào năm 2010 nhưng đã đạt
đến 50% vào năm 2020.

우유 소비량은 2010년에는 60%나 되었지만 2020년에는 45%로 감소했다.
Tỷ lệ tiêu thụ sữa đạt 60% vào năm 2010 nhưng đã giảm xuống
45% vào năm 2020.

에너지 소비량은 2020년에 갑자기 증가했다가 다시 감소했다.
Lượng tiêu thụ năng lượng đã tăng đột ngột vào năm 2020 nhưng
lại giảm sau đó.

책 출판 수는 2018년에 급격히 감소했다가 다시 증가했다.
Số lượng sách xuất bản đã giảm mạnh vào năm 2018 nhưng lại
tăng trở lại.

⑤ 분류와 나열 (Phân loại và liệt kê)

표와 그래프를 통해 대상을 구분하고 나열하며 이를 서술하는 표현을 학습
한다. 아래는 분류와 나열을 설명하는 기본 문형과 예문이다.

동물은 포유류와 조류로 나눌 수 있다.

Động vật có thể được chia thành động vật có vú và chim.

이 전통주는 녹차, 꿀, 생강으로 이루어져 있다.

Loại rượu truyền thống này được cấu thành bởi trà xanh, mật ong và gừng.

도시 교통 시스템은 지하철과 버스, 택시로 구성되어 있다.

Hệ thống giao thông đô thị được cấu thành bởi tàu điện ngầm, xe buýt và taxi.

학문 분야는 자연과학과 인문학으로 구분된다.

Các lĩnh vực học thuật được chia thành khoa học tự nhiên và khoa học nhân văn.

이 교육 프로그램의 내용은 기초 과목을 포함하여 수학, 과학, 언어 과목으로 나눌 수 있다.

Nội dung của chương trình giáo dục này được chia thành các môn cơ bản, bao gồm toán học, khoa học và ngôn ngữ học.

현대 의학은 전통 의학과 다르게 예방 치료를 특징으로 한다.

Y học hiện đại nổi bật với phương pháp phòng ngừa, khác với y học truyền thống.

이 도시의 주요 대중교통 수단 중 하나는 지하철이고, 다른 하나는 버스이다.

Một trong những phương tiện giao thông công cộng chính của thành phố này là tàu điện ngầm, và phương tiện còn lại là xe buýt.

에너지 자원은 첫째로 석유, 둘째로 천연가스, 마지막으로 태양광 에너지로 나눌 수 있다.

Tài nguyên năng lượng có thể được chia thành dầu mỏ, khí tự nhiên và năng lượng mặt trời.

이 교육 과정은 먼저 이론 학습, 다음으로 실습 훈련, 마지막으로 평가 과정으로 나눌 수 있다.

Chương trình học này được chia thành học lý thuyết, đào tạo thực hành và cuối cùng là quá trình đánh giá.

기후 변화의 영향은 온실가스 배출과 함께 빙하의 감소로 설명할 수 있다.

Tác động của biến đổi khí hậu có thể được giải thích bằng hiện tượng phát thải khí nhà kính và tan băng.

정리 (Tóm tắt)

1. 추이와 변화 표현은 시간에 따른 변화를 설명할 때 사용된다.
Biểu đạt xu hướng và thay đổi được sử dụng để mô tả sự thay đổi theo thời gian.

2. 분류와 나열 표현은 대상을 구분하고 나열하여 설명할 때 사용된다.
Biểu đạt phân loại và liệt kê được sử dụng để phân biệt và liệt kê các mục để giải thích.

3. 비율 표현은 특정 항목의 변화나 비율을 설명할 때 사용된다.

Biểu đạt tỷ lệ được sử dụng để mô tả sự thay đổi hoặc tỷ lệ của một mục.

⑥ 원인과 결과 (Nguyên nhân và kết quả)

표와 그래프를 통해 대상을 분석하며, 원인과 결과를 논리적으로 서술하는 표현을 학습한다. 아래는 원인과 결과를 설명하는 기본 문형과 예문이다.

- ___은/는 ___ 때문에 ___의 변화가 있었다.
- ___은/는 ___ 때문에 ___이/가 증가했다/감소했다.
- ___은/는 ___(으)로 인해 ___이/가 발생했다.
- ___의 이유는 ___(으)로 밝혀졌다.
- ___은/는 ___(으)로 인해 ___의 변화가 있었다.
- ___의 주요 원인은 ___(으)로 분석된다.
- ___은/는 ___(으)로 인해 ___이/가 증가했다/감소했다.
- 조사 결과, ___은/는 ___와/과 밀접한 관련이 있는 것으로 나타났다.
- 조사 결과, ___은/는 ___에 영향을 미친 것으로 나타났다.
- ___은/는 ___와/과 관련이 깊으며, 이는 ___에도 영향을 미친다.

대기 오염은 공업 발전 때문에 증가의 변화를 보였다.

Ô nhiễm không khí đã có sự gia tăng do sự phát triển của công nghiệp.

어획량은 해양 오염 때문에 급격히 감소했다.

Sản lượng đánh bắt cá đã giảm mạnh do ô nhiễm biển.

교통사고는 도로의 결빙으로 인해 발생했다.

Tai nạn giao thông xảy ra do đường bị đóng băng.

학생들의 학습 성과 저하의 이유는 수면 부족으로 밝혀졌다.

Lý do sự suy giảm thành tích học tập của học sinh đã được xác định là do thiếu ngủ.

소비 패턴은 기술 발전으로 인해 시장 구조의 변화가 있었다.

Ở mô hình tiêu dùng, đã có sự thay đổi cấu trúc thị trường do sự phát triển của công nghệ.

저출산의 주요 원인은 경제적 부담으로 분석된다.

Nguyên nhân chính của tỷ lệ sinh thấp được phân tích là do gánh nặng kinh tế.

수질 오염은 공장 폐수 방류로 인해 해양 생물이 감소했다.

Ô nhiễm nguồn nước đã dẫn đến sự giảm sút số lượng sinh vật biển do xả thải từ các nhà máy.

조사 결과 운동 부족은 건강 악화와 밀접한 관련이 있는 것으로 나타났다.

Kết quả khảo sát cho thấy việc thiếu vận động có liên quan mật thiết đến sự suy giảm sức khỏe.

조사 결과 교육 수준은 취업 가능성에 큰 영향을 미친 것으로 나타났다.

Kết quả khảo sát cho thấy trình độ học vấn có ảnh hưởng lớn đến khả năng xin việc.

디지털 기술 발전은 경제 성장과 관련이 깊으며, 이는 사회적 변화에도 영향을 미친다.

Sự phát triển của công nghệ số có mối quan hệ sâu sắc với tăng trưởng kinh tế và cũng ảnh hưởng đến sự thay đổi xã hội.

정리 (Tóm tắt)

1. 원인과 결과를 설명하는 표현은 특정 사건이나 상황의 원인과 그로 인한 결과를 논리적으로 서술할 때 사용된다.
Biểu đạt nguyên nhân và kết quả được sử dụng để mô tả lý do và kết quả của một sự kiện hoặc tình huống.

2. 원인을 분석하는 표현은 특정 현상의 주요 원인을 설명할 때 사용된다.
Biểu đạt phân tích nguyên nhân được sử dụng để giải thích nguyên nhân chính của một hiện tượng.

3. 결과와 영향 표현은 사건이나 현상이 다른 요소에 미친 영향을 설명할 때 사용된다.
Biểu đạt kết quả và ảnh hưởng được sử dụng để giải thích sự ảnh hưởng của sự kiện hoặc hiện tượng đến các yếu tố khác.

7 결과 분석과 전망 (Phân tích kết quả và dự báo)

표와 그래프를 통해 대상을 분석하며, 현황과 전망을 논리적으로 서술하는 표현을 학습한다. 다음은 현황과 전망을 설명하는 기본 문형과 예문이다.

- 현재 ___은/는 ___의 상태를 보이고 있다.
- ___은/는 현재 ___(으)로 유지되고 있으며, 앞으로 ___(으)ㄹ 것으로 보인다.
- ___은/는 ___의 증가/감소 추세를 보이고 있다.
- ___은/는 ___의 변화를 겪고 있다.
- ___의 현황은 ___(으)로 요약될 수 있다.
- ___의 주요 변화는 ___(으)로 나타나고 있다.
- ___은/는 ___에 따라 ___(으)ㄹ 가능성이 크다.
- ___은/는 앞으로 ___의 영향을 받아 ___(으)ㄹ 것으로 예상된다.
- ___의 현재 상태는 ___(으)며, 이는 ___에도 영향을 미친다.
- ___은/는 현재 ___(이)지만, ___(으)로 전환될 가능성이 있다.

전 세계 인터넷 사용자는 현재 지속적인 증가 추세를 보이고 있다.

Số lượng người dùng internet trên toàn cầu hiện đang có xu hướng tăng liên tục.

한국의 출생률은 현재 낮은 수준으로 유지되고 있으며, 앞으로도 감소할 것으로 보인다.

Tỷ lệ sinh ở Hàn Quốc hiện đang ở mức thấp và dự kiến sẽ tiếp tục giảm.

전기차 판매량은 2020년 이후 꾸준히 증가 추세를 보이고 있다.

Doanh số bán xe điện đã cho thấy xu hướng tăng đều đặn từ năm 2020.

이산화탄소 배출량은 최근 몇 년 동안 급격한 변화를 겪고 있다.

Lượng khí thải CO_2 gần đây đã trải qua sự thay đổi đáng kể trong vài năm qua.

글로벌 에너지 소비 현황은 지속 가능한 에너지로의 전환으로 요약될 수 있다.

Hiện trạng tiêu thụ năng lượng toàn cầu có thể được tóm tắt là sự chuyển đổi sang năng lượng bền vững.

인공지능 기술의 주요 변화는 의료 분야에서의 활용 증가로 나타나고 있다.

Những thay đổi chính của công nghệ trí tuệ nhân tạo đang được thể hiện qua việc ứng dụng ngày càng tăng trong lĩnh vực y tế.

주택 가격은 경제 상황에 따라 크게 상승할 가능성이 크다.

Giá nhà có khả năng tăng mạnh tùy thuộc vào tình hình kinh tế.

농업 생산량은 앞으로 기후 변화의 영향을 받아 감소할 것으로 예상된다.

Sản lượng nông nghiệp được dự báo sẽ giảm trong tương lai do ảnh hưởng của biến đổi khí hậu.

도시 교통의 현재 상태는 혼잡하며, 이는 환경오염에도 영향을 미친다.

Hiện trạng giao thông đô thị đang bị ùn tắc, điều này cũng ảnh hưởng đến ô nhiễm môi trường.

현재 재생 에너지 사용 비율은 낮지만, 향후 주요 에너지원으로 전환될 가능성이 있다.

Tỷ lệ sử dụng năng lượng tái tạo hiện nay còn thấp nhưng có khả năng trở thành nguồn năng lượng chính trong tương lai.

정리 (Tóm tắt)

1. 결과 분석 표현은 현재 상황이나 변화를 설명하는 데 사용된다.
Biểu đạt phân tích kết quả được sử dụng để mô tả tình hình hiện tại hoặc sự thay đổi.

2. 미래 전망 표현은 향후 변화나 예측을 설명할 때 사용된다.
Biểu đạt dự báo được sử dụng để mô tả sự thay đổi hoặc dự đoán trong tương lai.

3. 현황을 요약하거나 주요 변화를 설명할 때 사용된다.
Biểu đạt tóm tắt hiện trạng được sử dụng để mô tả sự thay đổi chính hoặc tóm tắt tình hình hiện tại.

03	표와 그래프 활용 보고서 작성 (Viết báo cáo sử dụng bảng và đồ thị)

표와 그래프는 데이터를 시각적으로 이해하기 쉽게 하며, 이를 활용한 보고서는 현황 분석, 데이터 간 비교, 추세 해석, 요인 분석 등 다양한 분석 결과를 효과적으로 전달할 수 있다. 아래는 표와 그래프를 활용해 보고서를 작성하는 과정을 단계별로 설명한 것이다.

1 서론 작성 (Viết phần mở đầu)

보고서의 서론은 분석의 배경과 목적, 자료의 개요를 제시하여 독자가 보고서의 핵심 내용을 이해할 수 있도록 돕는다.

서론 구성 요소		
구성 요소	설명	예문
배경 설명	데이터를 수집한 이유와 관련된 사회적, 경제적 맥락을 간단히 제시한다.	이 보고서는 2020년부터 2023년까지 서울시의 교통 혼잡도 변화를 분석하기 위해 작성되었다.
목적 제시	보고서 작성의 구체적 목표를 명확히 기술한다.	교통 혼잡도를 줄이기 위한 실질적 정책 제안의 기초 자료를 제공하는 것을 목표로 한다.
자료 개요	사용된 표와 그래프의 종류, 출처, 조사 대상 및 기간을 간략히 소개한다.	본 보고서는 한국통계청에서 발표한 2020년~2023년 교통 데이터와 관련 그래프를 활용하였다.

1. 서론 작성 표현은 보고서의 배경과 목적을 설명하며, 독자가 보고서의 핵심을 쉽게 이해할 수 있도록 돕는다.
Biểu đạt viết phần mở đầu được sử dụng để giải thích bối cảnh và mục đích của báo cáo, giúp người đọc dễ dàng hiểu được nội dung chính của báo cáo.

2. 목적과 배경 설명은 보고서의 주제를 명확히 하고 독자에게 분석의 필요성을 전달한다.
Biểu đạt giải thích mục đích và bối cảnh được sử dụng để làm rõ chủ đề của báo cáo và truyền đạt sự cần thiết của phân tích cho người đọc.

2 본론 작성 (Viết phần nội dung)

본론에서는 표와 그래프를 사용해 데이터를 분석하고 주요 결과를 체계적으로 제시한다.

본론 구성 요소		
구성 요소	설명	예문
현황 분석	현재의 상황을 표와 그래프를 사용해 구체적으로 설명한다.	2020년부터 2025년까지 서울시의 교통량은 매년 평균 3%씩 증가한 것으로 나타났다.
데이터 비교	같은 시점의 데이터를 비교하여 차이점과 공통점을 분석한다.	서울과 부산의 대중교통 이용률은 각각 85%와 70%로 서울이 더 높은 비율을 보였다.
추세 해석	시간에 따른 데이터의 변화를 해석하고 원인을 파악한다.	2010년 이후 전기차 판매량은 매년 20% 증가한 반면, 내연기관차 판매량은 감소했다.
요인 분석	데이터를 통해 특정 현상의 원인을 설명한다.	출생률 감소의 주요 원인은 높은 주거 비용과 경제적 부담으로 분석되었다.

1. 본론 작성 표현은 데이터를 분석하고 주요 결과를 체계적으로 제시하는 데 사용된다.
Biểu đạt viết phần nội dung được sử dụng để phân tích dữ liệu và trình bày kết quả chính một cách có hệ thống.

2. 본론의 구성 요소는 현황 분석, 데이터 비교, 추세 해석, 요인 분석을 포함하여 데이터를 명확하게 전달하는 데 중요하다.
Các thành phần của phần nội dung bao gồm phân tích hiện trạng, so sánh dữ liệu, giải thích xu hướng và phân tích yếu tố, giúp truyền đạt dữ liệu một cách rõ ràng.

3 결론 작성 (Viết phần kết luận)

결론에서는 본론에서 도출한 결과를 요약하고, 미래 전망과 제안을 제시한다.

결론 구성 요소		
구성 요소	설명	예문
주요 발견 요약	본론에서 제시한 분석 결과를 간략히 정리한다.	분석 결과, 대기 오염의 주요 원인은 공장 배출가스와 교통량 증가로 나타났다.
미래 전망	분석된 데이터를 기반으로 향후 변화에 대한 전망을 제시한다.	현재 추세가 유지될 경우, 2030년까지 대기 질은 더욱 악화될 가능성이 높다.
제언	데이터 분석에 기반한 실질적 해결 방안을 제안한다.	배출가스 규제를 강화하고, 대중교통 이용을 확대하는 정책이 필요하다.

정리 (Tóm tắt)

1. 결론에서는 본론에서 도출한 결과를 요약하고, 미래 전망과 제안을 제시한다.
Biểu đạt viết phần kết luận tóm tắt kết quả rút ra từ phần nội dung và đưa ra triển vọng tương lai và đề xuất.

2. 결론의 구성 요소는 주요 발견 요약, 미래 전망, 제언을 포함하여 실질적인 해결 방안을 제시하는 데 중요하다.
Các thành phần của phần kết luận bao gồm tóm tắt các phát hiện chính, triển vọng tương lai và đề xuất, giúp đưa ra các giải pháp thực tế.

4 보고서 작성의 예 (Ví dụ về việc viết báo cáo)

다음은 표와 그래프를 보고 보고서를 작성하기 위한 예이다. 먼저 표와 그래프를 보고 주요 현황을 분석하였다. 분석한 내용을 바탕으로 보고서를 작성하였다.

• 조사 기관: 인주시 사회연구소

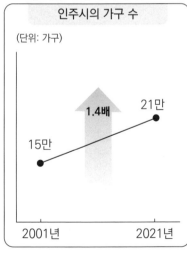

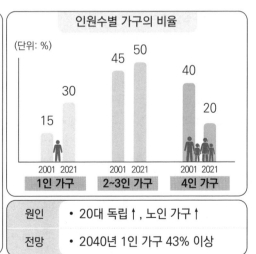

출처: 83회 TOPIK2 쓰기 53번 문항.

주요 현황

가구 수 증가
2001년 15만 가구였던 인주시의 가구 수는 2021년 21만 가구로 약1.4배 증가했다. 이는
독립 가구와 노인 가구의 증가가 주요 원인으로 분석된다.

1인 가구 비율 상승
1인 가구는 2001년 15%에서 2021년 30%로 두 배 증가했다. 이는 20대 독립 가구의 증가
와 사회적 트렌드 변화로 설명된다.

4인 이상 가구 비율 감소
4인 이상 가구는 2001년 40%에서 2021년 20%로 감소했다. 이는 핵가족화와 결혼율 저하
의 영향으로 보인다.

미래 전망

1인 가구의 지속적 증가
현 추세가 이어질 경우, 2040년에는 1인 가구가 전체 가구의 43%를 차지할 것으로 전망된다.

소형 주택 수요 증가
1인 가구와 2~3인 가구의 증가에 따라 소형 주택에 대한 수요가 꾸준히 증가할 가능성이 있다.

정책적 제언
인구 구조 변화에 대응하기 위해 독립 가구 및 노인 가구를 위한 맞춤형 정책, 예컨대 소형 주
택 공급 확대와 노인 복지 서비스 강화가 필요하다.

보고서 작성의 예시		
구분	한국어	베트남어
서론	인주시 사회연구소는 2001년부터 2021년까지 인주시의 가구 수와 구성 변화를 조사하였다. 이 보고서의 목적은 인구 변화 현황을 분석하고, 이로 인해 나타날 미래 변화를 예측하는 것이다. 이 자료는 인주시 사회연구소에서 제공한 데이터를 활용하여 작성되었다.	Viện Nghiên cứu Xã hội Inju đã khảo sát sự thay đổi về số lượng và cơ cấu hộ gia đình từ năm 2001 đến năm 2021. Mục đích của báo cáo này là phân tích hiện trạng thay đổi dân số và dự đoán những thay đổi có thể xảy ra trong tương lai. Báo cáo này được viết dựa trên dữ liệu do Viện Nghiên cứu Xã hội Inju cung cấp.
본론	인주시의 가구 수는 2001년에 15만 가구에서 2021년 21만 가구로 1.4배 증가하였다. 1인 가구는 2001년 15%에서 2021년 30%로 두 배 늘어난 반면, 4인 이상 가구는 40%에서 20%로 절반 줄어들었다. 2~3인 가구는 45%에서 50%로 약간 증가하였다. 1인 가구의 증가는 젊은 층의 독립 가구가 많아졌기 때문이며, 노인 가구의 증가도 중요한 요인으로 보인다. 이 변화는 도시화와 고령화의 영향을 받은 결과로 분석된다.	Số lượng hộ gia đình ở Inju tăng từ 150 nghìn hộ năm 2001 lên 210 nghìn hộ năm 2021, tức tăng 1,4 lần. Hộ gia đình 1 người tăng gấp đôi từ 15% năm 2001 lên 30% năm 2021, trong khi hộ gia đình từ 4 người trở lên giảm một nửa từ 40% xuống còn 20%. Hộ gia đình 2-3 người tăng nhẹ từ 45% lên 50%. Sự gia tăng hộ gia đình 1 người là do số lượng người trẻ sống độc lập ngày càng nhiều, và sự gia tăng hộ gia đình người cao tuổi cũng là một yếu tố quan trọng. Sự thay đổi này được phân tích là do tác động của quá trình đô thị hóa và lão hóa dân số.
결론	인주시 가구 구조의 변화는 앞으로도 이어질 가능성이 있다. 특히 2040년에는 1인 가구가 전체 가구의 43%를 차지할 것으로 보인다. 이에 따라 소형 주택 공급을 늘리고, 고령층을 위한 복지 정책을 강화할 필요가 있다. 이러한 변화는 사회적으로 큰 영향을 미칠 수 있으므로 지속적인 관찰과 준비가 필요하다.	Sự thay đổi cơ cấu hộ gia đình ở Inju có thể tiếp tục diễn ra trong tương lai. Đặc biệt, vào năm 2040, hộ gia đình 1 người được dự báo sẽ chiếm 43% tổng số hộ gia đình. Do đó, cần tăng cường cung cấp nhà ở nhỏ và phát triển chính sách phúc lợi cho người cao tuổi. Những thay đổi này có thể ảnh hưởng lớn đến xã hội, vì vậy cần có sự quan sát và chuẩn bị liên tục.

정리 (Tóm tắt)

1. 서론에서는 보고서의 목적과 조사한 데이터를 기반으로 현황을 분석하는 내용을 제시한다.

Ở phần mở đầu, trình bày mục đích của báo cáo và phân tích tình hình dựa trên dữ liệu khảo sát.

2. 본론에서는 표와 그래프를 사용하여 데이터를 분석하고, 주요 결과를 체계적으로 제시한다.

Ở phần nội dung, sử dụng bảng và đồ thị để phân tích dữ liệu và trình bày kết quả chính một cách có hệ thống.

3. 결론에서는 본론에서 도출한 결과를 요약하고, 미래 전망과 제안을 제시한다.

Ở phần kết luận, tóm tắt kết quả rút ra từ phần nội dung, đưa ra triển vọng tương lai và đề xuất.

IV

설명을 위한 글쓰기
Loại bài viết giải thích

IV 설명을 위한 글쓰기
Loại bài viết giải thích

01	설명하는 글의 기본 원리
	(Nguyên tắc cơ bản của bài viết giải thích)

설명문은 어떤 사실이나 내용을 쉽게 이해하도록 쓰는 글이다. 설명문은 새로운 것을 배우거나 정보를 전할 때 많이 사용한다. 요리법, 제품 사용 방법, 길 찾기 등을 설명하는 글이 모두 설명문이다.

설명문의 특징	
특성	설명
객관성	자신의 생각을 넣지 않고 사실만 정확히 알려 준다.
사실성	사실에 맞는 정보와 지식을 정확히 전달한다.
체계성	구성을 만들어 처음, 중간, 끝 순서로 차례차례 내용을 전한다.
명료성	글이 짧고 명확해서 쉽게 이해할 수 있다.
평이성	내용이 쉽고 간결하여 독자가 이해하기 편하게 한다.

1 정의하기 (Định nghĩa)

정의하기는 설명문에서 가장 기본적으로 사용하는 방법이다. 정의하기란 어떤 대상이나 개념이 무엇인지 명확히 설명하는 것이다. 정의가 정확하면 독자는 내용을 쉽게 이해할 수 있다. 정의는 주로 글의 시작에서 독자가 글의 주제를 정확히 파악하도록 돕는다.

1 정의하기의 예 (Ví dụ về định nghĩa)

① '언어'란 무엇인가요?
"언어는 사람들 사이에서 의사소통을 하기 위해 사용하는 소리나 글자이다."
Ngôn ngữ là âm thanh hoặc chữ viết mà con người sử dụng để giao tiếp với nhau.

② '한국어'란?
"한국어는 한국 사람들이 사용하는 언어이다."
Tiếng Hàn là ngôn ngữ mà người Hàn Quốc sử dụng.

③ '교육'이란 무엇인가요?
"교육은 사람들에게 지식이나 기술을 가르치고 올바른 행동을 배우게 하는 과정이다."
Giáo dục là quá trình dạy kiến thức hoặc kỹ năng và giúp con người học cách cư xử đúng đắn.

2 전달하는 방법 (Cách truyền đạt)

① 구체적인 특징 포함하기
정의에 대상의 특징을 포함하면 독자가 더 잘 이해할 수 있다.

"한국어는 조사와 종결 어미를 사용하는 언어로, 어순이 주어-목적어-서술어(SOV) 구조이다."
Tiếng Hàn là ngôn ngữ sử dụng tiểu từ và vĩ tố dạng kết thúc, với cấu trúc SOV (chủ ngữ - tân ngữ - vị ngữ).

② 간단한 예 추가하기(예시와 함께 사용)
정의만으로 이해하기 어려운 경우 간단한 예를 추가할 수 있다.

"조사는 문장에서 단어의 역할을 나타내는 요소이다. 예를 들어, '나는 밥을 먹는다'에서 '는'은 주어를, '을'은 목적어를 나타낸다."

Tiểu từ là yếu tố thể hiện vai trò của từ trong câu. Ví dụ, trong câu "Tôi ăn cơm", '는' chỉ chủ ngữ và '을' chỉ tân ngữ.

③ 비교를 통해 설명하기(비교와 함께 사용)
정의가 추상적일 때 비슷하거나 다른 개념과 비교하면 더 명확하게 전달할 수 있다.

"조사는 문장에서 단어의 역할을 나타내는 요소입니다. 베트남어는 조사를 사용하지 않고 어순으로 단어의 역할을 구별하지만, 한국어는 '이/가', '을/를'과 같은 조사를 사용해 단어의 역할을 분명히 합니다."

Trợ từ là yếu tố thể hiện vai trò của từ trong câu. Trong tiếng Việt, không sử dụng tiểu từ mà phân biệt vai trò của từ qua trật tự câu, còn tiếng Hàn dùng tiểu từ như '이/가' và '을/를' để làm rõ vai trò của từ.

③ 정의하기의 효과 (Hiệu quả của việc định nghĩa)

정의하기는 문단의 시작 부분에서 자주 사용된다. 정의는 독자에게 문단이 다루는 주제를 명확히 알려준다.

① 주제 소개
문단의 첫 문장에서 주제어를 정의하면 독자는 글이 무엇에 대해 이야기하는지 바로 알 수 있다. 아래에서는 기후 변화라는 주제를 소개하며 문단의 시작점으로 정의하기를 사용한다.

기후 변화란 지구의 평균 기온이 달라지고 이상한 날씨가 자주 나타나는 것을 말합니다. 기후 변화는 산업화 이후 온실가스 배출이 증가하면서 전 세계적으로 나타나기 시작한 현상입니다. 이러한 변화는 지구의 생태계에 큰 영향을 미치며 강한 태풍, 극심한 가뭄, 홍수와 같은 이상 기후 현상을 자주 일으킵니다. 예를 들어 최근 몇 년 동안 북극의 얼음이 빠르게 녹아내리고 있으며 이는 해수면 상승으로 이어지고 있습니다. 따라서 기후 변화는 단순한 환경 문제가 아니라 인간의 생존과도 밀접하게 연결된 중요한 주제입니다.

② 글의 방향성 제시

문단에서 정의는 이후 내용이 어떤 방향으로 전개될지를 암시하는 역할을 한다. 아래에서는 에너지 절약의 개념을 정의하며 이후 에너지 절약의 방법과 중요성에 대해 논의할 것임을 예고한다.

에너지 절약이란 필요한 에너지만 사용해 자원을 아끼는 것을 말합니다. 에너지 절약은 환경을 보호하고 자원의 낭비를 줄이는 데 중요한 역할을 합니다. 가정에서는 에너지를 절약하기 위해 사용하지 않는 전기 제품의 플러그를 뽑고 공공장소에서는 에어컨 사용을 줄이는 것이 에너지 절약이 될 수 있습니다. 이러한 작은 실천들이 모여 온실가스 배출을 감소시킬 수 있습니다. 따라서 에너지 절약은 환경 보호뿐만 아니라 지속 가능한 미래를 위해 반드시 실천해야 할 과제입니다.

③ 독자의 배경 지식 연결

정의는 독자가 이미 알고 있는 지식과 새롭게 배울 내용을 연결하는 다리 역할을 한다. 아래에서는 정의를 사용하여 독자의 기존 지식을 기반으로 스마트폰의 특징과 활용 가능성을 자연스럽게 연결한다.

스마트폰이란 통화뿐 아니라 인터넷, 게임, 카메라 등 다양한 기능을 가진 휴대폰입니다. 스마트폰은 현대 사회에서 필수적인 도구로 자리 잡았습니다. 스마트폰을 사용하면 메신저를 통해 전 세계 사람들과 실시간으로 소통할 수 있으며 앱을 통해 은행 업무나 쇼핑도 손쉽게 해결할 수 있습니다. 또한 고화질 카메라는 일상적인 사진 촬영을 가능하게 하였습니다.

④ 글의 논리적 전개 기반

정의는 문단 내에서 논리적인 흐름을 구축하는 출발점이 된다. 아래에서는 자연재해의 정의를 명확히 하며 이후 그 원인과 영향, 대처 방안을 논의하는 논리적 기반을 마련한다.

자연재해란 태풍, 지진, 홍수처럼 자연에서 발생하는 재난을 뜻합니다. 자연재해는 주로 기후 변화와 지각 활동 같은 자연적 요인에서 발생합니다. 예를 들어 태풍은 해수면 온도가 상승하면서 더 강력해지고 지진은 지각판의 움직임으로 발생합니다. 이러한 재난은 인간의 생명과 재산에 큰 피해를 주며 지역 사회 전체에 영향을 미칩니다. 따라서 자연재해를 예방하고 피해를 줄이기 위해 조기 경보 시스템을 개발하고 안전 대책을 마련하는 것이 중요합니다.

④ 정의하기의 형식 (Hình thức của việc định nghĩa)

① "A는 B다" 형식
대상을 가장 간단히 정의하는 방법으로 A가 B에 해당함을 표현한다.
형식: ___은/는 ___이다.

강아지는 동물이다.
Chó con là động vật.

한국어는 한국 사람들이 사용하는 언어이다.
Tiếng Hàn là ngôn ngữ mà người Hàn Quốc sử dụng.

② 큰 범주와 특징 설명하기
대상이 속한 큰 범주를 설명하고, 특징을 덧붙이는 방법이다.
형식: ___은/는 ___ 중 하나로, ___이다.

고양이는 동물 중 하나로, 털이 부드럽고 성격이 독립적이다.

Mèo là một loại động vật, có bộ lông mềm và tính cách độc lập.

한복은 한국 전통 의상 중 하나로, 색이 화려하고 디자인이 독특하다.

Hanbok là một loại trang phục truyền thống của Hàn Quốc, có màu sắc sặc sỡ và thiết kế độc đáo.

③ 조건 설명하기

어떤 대상이 특정 조건을 충족해야 한다고 설명하는 방법이다.

형식: ___은/는 ___와/과 ___이/가 있어야 한다.

삼각형은 세 개의 변과 세 개의 각이 있어야 한다.

Tam giác phải có ba cạnh và ba góc.

좋은 친구는 신뢰와 배려가 있어야 한다.

Một người bạn tốt phải có sự tin tưởng và quan tâm.

④ 기능 설명하기

대상이 하는 기능이나 역할을 통해 정의하는 방법이다.

형식: ___은/는 ___을/를 하는 물건(동물/사람)이다.

시계는 시간을 알려주는 물건이다.

Đồng hồ là vật dùng để xem giờ.

교사는 학생들을 가르치는 사람이다.

Giáo viên là người dạy học sinh.

② 예시 보이기 (Đưa ra ví dụ)

예시 보이기는 정의를 보충하거나 내용을 쉽게 이해할 수 있도록 돕는 중요한 방법이다. 추상적인 개념이나 복잡한 내용을 설명할 때 구체적인 예를 제시하면 독자가 더 명확히 이해할 수 있다. 예시는 독자가 새로운 정보를 기존 지식과 연결하도록 돕는다.

① 예시 보이기의 예 (Ví dụ về việc đưa ra ví dụ)

① '언어'란 무엇인가요?
정의: "언어는 사람들 사이에서 의사소통을 하기 위해 사용하는 소리나 글자이다."

"예를 들어 한국어, 베트남어, 영어는 모두 사람들이 대화하거나 생각을 표현할 때 사용하는 언어이다."
Ngôn ngữ là âm thanh hoặc chữ viết mà con người sử dụng để giao tiếp với nhau. Ví dụ, tiếng Hàn, tiếng Việt và tiếng Anh đều là

các ngôn ngữ mà con người sử dụng để giao tiếp.

② '한국어'란?
정의: "한국어는 한국 사람들이 사용하는 언어이다."

"예를 들어 한국어에서는 '안녕하세요'라는 표현으로 사람들에게 인사를 한다."
Tiếng Hàn là ngôn ngữ mà người Hàn Quốc sử dụng. Ví dụ, trong tiếng Hàn, người ta sử dụng câu '안녕하세요' để chào hỏi người khác.

③ '교육'이란 무엇인가요?
정의: "교육은 사람들에게 지식이나 기술을 가르치고 올바른 행동을 배우게 하는 과정이다."

"예를 들어 학교에서 선생님이 학생들에게 수학을 가르치거나 부모가 아이들에게 예의를 가르치는 것도 교육이다."
Giáo dục là quá trình dạy kiến thức hoặc kỹ năng và giúp con người học cách cư xử đúng đắn. Ví dụ, việc giáo viên dạy toán cho học sinh hoặc cha mẹ dạy con cái cách cư xử đúng đắn cũng là giáo dục.

② 전달하는 방법 (Cách truyền đạt)

① 맥락과 함께 제시하기
예시를 단순히 나열하지 않고 설명의 흐름 속에서 맥락을 더해 제시하면 독자가 더 쉽게 이해할 수 있다.

"환경 보호란 자연을 깨끗하게 유지하려는 활동입니다. 예를 들어 플라스틱 대신 종이컵을 사용하면 쓰레기양을 줄일 수 있어 환경 보호에 큰 도움이 됩니다."
Bảo vệ môi trường là hoạt động duy trì sự sạch đẹp của thiên nhiên. Ví dụ, việc sử dụng cốc giấy thay vì nhựa có thể giúp giảm

lượng rác thải, đóng góp tích cực vào bảo vệ môi trường.

② 구체적인 사례로 확대하기
일반적인 예시를 구체적으로 확대하면 독자가 실생활과 연결 지을 수 있다.

"직업은 생계를 유지하기 위해 하는 활동입니다. 예를 들어 교사는 학생들에게 수학과 국어를 가르치며 의사는 병원에서 환자를 치료합니다."
Nghề nghiệp là công việc mà con người làm để kiếm sống. Ví dụ, giáo viên dạy toán và tiếng Việt cho học sinh, còn bác sĩ chữa bệnh tại bệnh viện.

③ 상상 가능한 상황 제시하기
예시를 통해 독자가 상상할 수 있는 상황을 만들어 주면 내용을 더 잘 이해할 수 있다.

"환경 보호는 자연을 지키는 활동입니다. 예를 들어 만약 우리가 모두 나무를 심는다면 더 깨끗한 공기를 마실 수 있을 것입니다."
Bảo vệ môi trường là hoạt động giữ gìn thiên nhiên. Ví dụ, nếu tất cả chúng ta trồng cây, chúng ta sẽ có không khí trong lành hơn để thở.

③ 예시하기의 효과 (Hiệu quả của việc đưa ra ví dụ)

예시하기는 설명문에서 내용을 구체적으로 보여주고 독자가 쉽게 이해하도록 돕는 역할을 한다.

① 내용의 구체화
예시는 복잡하거나 추상적인 개념을 구체적으로 보여줌으로써 독자가 내용을 쉽게 이해할 수 있도록 한다. 아래에서는 예시를 통해 운동의 중요성을 구체화한다.

운동은 건강을 유지하기 위한 중요한 활동입니다. **예를 들어 아침에 30분 동안 산책을 하면 심장 건강을 증진하고 스트레스를 줄이는 데 효과적입니다.** 또한 꾸준히 운동하면 신체 면역력을 높이고 만성 질환의 위험을 줄일 수 있습니다. 운동은 단순한 신체 활동이 아니라, 건강을 유지하고 삶의 질을 향상시키는 필수적인 요소입니다.

② 독자의 관심 유발

예시는 독자가 글의 내용을 흥미롭게 느끼고 몰입하도록 돕는다. 아래에서는 환경 보호의 추상적 개념을 독자의 일상생활과 연결하여 관심을 유발한다.

환경 보호는 모두가 실천해야 하는 중요한 활동입니다. **예를 들어 플라스틱컵 대신 종이컵을 사용하면 플라스틱 쓰레기를 줄일 수 있고 대중교통을 이용하면 탄소 배출을 감소시킬 수 있습니다.** 이처럼 작은 행동 하나가 환경 보호에 큰 영향을 미칠 수 있습니다. 따라서 우리 모두가 일상에서 환경 보호를 실천해야 합니다.

③ 설득력 강화

예시는 글의 주장을 뒷받침하며 독자가 내용을 더 신뢰할 수 있도록 만든다. 아래에서는 예시를 통해 교육의 가치를 강조하며 글의 설득력을 높인다.

교육은 지식을 배우고 가르치는 중요한 과정입니다. **예를 들어 한 개발도상국의 농촌 마을에서는 무료 교육을 받은 학생들이 도시로 나가 직업을 얻어 마을의 경제를 성장시킨 사례가 있습니다.** 이처럼 교육은 개인의 삶뿐만 아니라 공동체의 발전에도 중요한 영향을 미칩니다. 따라서 교육에 대한 투자는 미래를 위한 가장 가치 있는 선택입니다.

④ **예시 보이기의 형식 (Hình thức của việc đưa ra ví dụ)**

① "예를 들어"를 사용한 형식

어떤 개념이나 대상을 설명할 때 구체적인 예를 제시하는 방법이다.

형식: "예를 들어 ___."

예를 들어 삼각형에는 정삼각형, 이등변삼각형, 직각삼각형이 있다.

Ví dụ, tam giác bao gồm tam giác đều, tam giác cân và tam giác vuông.

② 구체적인 사례 나열 형식

여러 사례를 나열하여 개념을 더 명확히 설명하는 방법이다.

형식: "___와/과 같은 ___."

강아지와 같은 반려동물은 사람과 가까운 관계를 맺는다.

Các loài thú cưng như chó con thường gắn bó thân thiết với con người.

사과, 배와 같은 과일은 건강에 좋다.

Các loại trái cây như táo và lê rất tốt cho sức khỏe.

③ "즉" 또는 "예컨대"를 사용한 형식

대상을 간결하고 명확하게 정의하거나 설명하는 방법이다.

형식: "즉 ___와/과 같다."

즉, 과일은 사과, 배, 바나나와 같은 식물의 열매를 말한다.

Tức là, trái cây là quả của các loại cây như táo, lê, chuối, v.v...

예컨대, 스포츠는 축구, 농구, 배구와 같은 활동이다.

Ví dụ, thể thao là các hoạt động như bóng đá, bóng rổ và bóng chuyền.

④ "특히"를 활용한 강조 형식

여러 예 중에서도 특정 부분을 강조하여 설명하는 방법이다.

형식: "특히 ___."

한국 전통 음식 중 특히 김치가 세계적으로 유명하다.

Trong các món ăn truyền thống của Hàn Quốc, kim chi đặc biệt nổi tiếng trên toàn thế giới.

이 지역의 문화재 중 특히 한옥이 많은 관광객을 끈다.

Trong các di sản văn hóa của khu vực này, đặc biệt nhà truyền thống Hanok thu hút rất nhiều khách du lịch.

⑤ 구체적인 상황 설명 형식
특정한 상황을 제시하여 개념을 설명하는 방법이다.
형식: "___와/과 같은 경우를 들 수 있다."

게임에서 팀워크가 중요한 스포츠로 축구와 같은 경우를 들 수 있다.

Ví dụ trong thể thao, bóng đá là một trường hợp mà tinh thần đồng đội rất quan trọng.

날씨가 추울 때 따뜻한 음료를 찾는 것으로 커피와 같은 경우를 들 수 있다.

Khi thời tiết lạnh, có thể đưa ra trường hợp người ta tìm đến các đồ uống nóng như cà phê.

 정리 (Tóm tắt)

예시 보이기는 복잡하거나 추상적인 내용을 쉽게 이해하도록 돕는 중요한 방법이다.
Đưa ra ví dụ là một phương pháp quan trọng giúp làm cho những nội dung phức tạp hoặc trừu tượng trở nên dễ hiểu.

• "예를 들어" 형식 (Hình thức "Ví dụ"): 개념을 구체적으로 설명.

• 구체적 상황 설명 (Mô tả tình huống cụ thể): 실생활에 기반한 구체적 상황을 제시.

• "특히" 형식 (Hình thức "Đặc biệt"): 중요한 부분을 강조.

③ **나열하기 (Liệt kê)**

나열하기는 설명문에서 여러 가지 항목이나 요소를 순서대로 정리하여 독자
가 내용을 체계적으로 이해할 수 있도록 돕는 방법이다.

① **나열하기의 예 (Ví dụ về việc liệt kê)**

① '한국 전통 음식'에는 무엇이 있을까요?
  "한국 전통 음식에는 김치, 불고기, 비빔밥이 있다."
  Món ăn truyền thống của Hàn Quốc bao gồm kim chi, bulgogi và
  bibimbap.

② '계절'에는 어떤 것이 있을까요?
  "계절은 봄, 여름, 가을, 겨울로 나뉜다."
  Mùa được chia thành mùa xuân, mùa hè, mùa thu và mùa đông.

③ '운동'의 종류에는 무엇이 있을까요?
  "운동에는 축구, 농구, 테니스, 수영과 같은 다양한 종류가 있다."
  Các loại hình thể thao bao gồm bóng đá, bóng rổ, quần vợt và bơi lội.

② **전달하는 방법 (Cách truyền đạt)**

① 특징 나열하기
대상의 여러 특징을 열거하여 구체적으로 설명한다.

  "한국어는 여러 특징을 가지고 있다. 첫째, 조사와 종결 어미를 사용한다. 둘
째, 어순이 주어-목적어-서술어(SOV) 구조를 따른다. 셋째, 존댓말과 반말을
구별한다."

Tiếng Hàn có nhiều đặc điểm. Thứ nhất, sử dụng tiểu từ và vĩ tố kết thúc. Thứ hai, có cấu trúc SOV (chủ ngữ - tân ngữ - vị ngữ). Thứ ba, phân biệt giữa kính ngữ và cách nói thân mật.

② 항목을 분류하여 나열하기
대상을 분류하고 각 항목을 구체적으로 나열한다.

"운동은 실내 운동과 실외 운동으로 나눌 수 있다. 실내 운동에는 요가, 헬스, 필라테스가 있으며, 실외 운동에는 축구, 농구, 달리기가 포함된다."

Thể thao có thể được chia thành thể thao trong nhà và ngoài trời. Thể thao trong nhà bao gồm yoga, gym và pilates, còn thể thao ngoài trời bao gồm bóng đá, bóng rổ và chạy bộ.

③ 순서에 따라 나열하기
시간이나 과정에 따라 정보를 순서대로 배열한다.

"하루 일과는 다음과 같다. 첫째, 아침에 일어나서 아침 식사를 한다. 둘째, 점심에 회사에서 일을 하고 점심을 먹는다. 셋째, 저녁에는 운동을 하고 가족과 시간을 보낸다."

Công việc hàng ngày như sau. Thứ nhất, buổi sáng thức dậy và ăn sáng. Thứ hai, làm việc tại công ty và ăn trưa. Thứ ba, buổi tối tập thể dục và dành thời gian với gia đình.

④ 중요도를 기준으로 나열하기
대상의 중요도에 따라 항목을 정리하여 강조한다.

"환경 보호를 위한 주요 활동은 다음과 같다. 가장 중요한 것은 나무를 심는 것이다. 다음으로, 쓰레기를 줄이고 재활용하는 것이 필요하다. 마지막으로, 대중교통을 이용해 탄소 배출을 줄이는 것이 중요하다."

Sau đây là các hoạt động để bảo vệ môi trường. Quan trọng nhất là trồng cây. Tiếp theo, cần giảm rác thải và tái chế. Cuối cùng, sử dụng phương tiện công cộng để giảm khí thải carbon.

③ 나열하기의 효과 (Hiệu quả của việc liệt kê)

나열은 항목 간의 관계를 명확히 하며 독자가 복잡한 내용을 체계적으로 받아들일 수 있도록 한다.

① 내용의 구체화
나열하기는 복잡하거나 추상적인 내용을 구체적인 항목으로 나눠 설명함으로써 독자가 쉽게 이해하도록 돕는다.

> 운동에는 실내 운동과 실외 운동이 있습니다. **실내 운동에는 요가, 필라테스, 헬스가 포함되고, 실외 운동에는 축구, 농구, 달리기가 있습니다.** 이러한 구분은 운동의 장소와 목적에 따라 선택할 수 있는 다양한 활동을 제시합니다. 예를 들어, 실내 운동은 날씨의 영향을 받지 않고 꾸준히 할 수 있으며, 실외 운동은 자연 속에서 신체 활동을 즐길 수 있는 장점이 있습니다.

② 논리적 흐름 제공
나열하기는 정보가 순서에 따라 연결되도록 하여 글의 논리적 흐름을 강화한다.

> 하루 일과는 다음과 같습니다. **첫째, 아침에 일어나 세수를 하고 아침 식사를 합니다. 둘째, 낮에는 학교에서 공부를 하고 친구들과 시간을 보냅니다. 셋째, 저녁에는 집에서 숙제를 하고 가족과 시간을 보냅니다.**

③ 정보의 체계적 분류
나열하기는 정보를 체계적으로 분류하여 독자가 내용을 명확히 이해하도록 돕는다.

한국의 전통 음식은 발효 음식, 고기 요리, 비빔 요리로 나눌 수 있습니다. **발효 음식에는 김치와 된장이 있으며, 고기 요리에는 불고기와 갈비가 있습니다. 비빔 요리에는 비빔밥과 잡채가 포함됩니다.**

④ **나열하기의 형식 (Hình thức của việc liệt kê)**

나열하기는 정보를 논리적이고 체계적으로 정리하여 독자가 쉽게 이해할 수 있도록 하는 데 유용하다. 나열은 항목의 특징, 분류, 순서 등을 기반으로 다양한 형식으로 작성될 수 있다. 아래는 나열하기에서 자주 사용되는 형식과 예이다.

① 번호를 사용한 나열 형식
번호를 통해 항목을 구분하며 순서를 강조하는 형식이다.
형식: 첫째, ___, 둘째, ___, 셋째, ___

"좋은 학생의 특징은 첫째, 시간 관리를 잘한다. 둘째, 목표를 세우고 노력한다. 셋째, 항상 배우려는 자세를 가진다."
Đặc điểm của một học sinh tốt là: thứ nhất, quản lý thời gian tốt. Thứ hai, đặt mục tiêu và nỗ lực. Thứ ba, luôn có thái độ học hỏi.

② 구체적인 사례를 나열하는 형식
항목들을 명시적으로 나열하며 구체적인 예를 제공하는 형식이다.
형식: ___, ___, ___와/과 같은 ___

"한국 전통 음식에는 김치, 불고기, 비빔밥과 같은 음식이 있다."
Ẩm thực truyền thống của Hàn Quốc bao gồm kim chi, bulgogi và bibimbap.

③ 분류를 사용한 나열 형식

항목을 카테고리별로 나누어 정리하는 형식이다.

형식: ___은/는 ___와/과 ___(으)로 나눌 수 있다. ___에는 ___이/가 포함된다.

"운동은 실내 운동과 실외 운동으로 나눌 수 있다. 실내 운동에는 요가와 필라테스가 포함되고, 실외 운동에는 축구와 농구가 포함된다."

Thể thao có thể được chia thành thể thao trong nhà và ngoài trời. Thể thao trong nhà bao gồm yoga và pilates, còn thể thao ngoài trời bao gồm bóng đá và bóng rổ.

④ 시간 순서에 따른 나열 형식

시간의 흐름에 따라 항목을 정리하는 형식이다.

형식: 먼저, ___, 다음으로, ___, 마지막으로, ___

"하루 일과는 먼저 아침에 일어나 세수를 하고 아침 식사를 한다. 다음으로 낮에는 학교에서 공부를 한다. 마지막으로 저녁에는 가족과 시간을 보낸다."

Các hoạt động trong ngày bao gồm: trước tiên, thức dậy vào buổi sáng, rửa mặt và ăn sáng. Sau đó, học ở trường vào buổi trưa. Cuối cùng, dành thời gian với gia đình vào buổi tối.

⑤ 중요도에 따른 나열 형식

항목의 중요도를 기준으로 정리하는 형식이다.

형식: 가장 중요한 것은 ___이다. 다음으로 ___이/가 있다.

"환경 보호에서 가장 중요한 것은 나무를 심는 것이다. 다음으로 쓰레기를 줄이고 재활용하는 것이 필요하다."

Trong việc bảo vệ môi trường, điều quan trọng nhất là trồng cây. Sau đó, cần giảm rác thải và tái chế.

나열하기는 여러 항목이나 요소를 순서대로 정리하여 독자가 내용을 체계적으로 이해하도록 돕는 방법이다.
Liệt kê là phương pháp sắp xếp các mục hoặc yếu tố theo thứ tự để giúp người đọc hiểu nội dung một cách có hệ thống.

• 항목을 구분하며 순서를 강조하는 형식.
  Hình thức phân biệt các mục và nhấn mạnh thứ tự.

• 구체적인 사례를 나열하여 내용을 명확히 설명하는 형식.
  Hình thức liệt kê các ví dụ cụ thể để giải thích rõ nội dung.

• 항목을 카테고리별로 나누어 정리하는 형식.
  Hình thức sắp xếp các mục theo từng danh mục.

• 시간의 흐름에 따라 정보를 배열하는 형식.
  Hình thức sắp xếp thông tin theo trình tự thời gian.

• 항목의 중요도를 기준으로 정리하는 형식.
  Hình thức sắp xếp các mục dựa trên mức độ quan trọng.

④ 비교하기 (So sánh)

비교하기는 설명문에서 두 가지 이상의 대상을 비교하여 공통점과 차이점을 밝히는 방법이다. 비교하기는 설명문에서 대상을 다른 것과 대조하거나 연결할 때 효과적으로 사용된다.

① 비교하기의 예

① '조사'와 '전치사'의 차이

"조사는 문장에서 단어의 역할을 나타내는 요소로, 한국어에서 주로 단어 뒤에 붙는다. 반면, 전치사는 영어와 같은 언어에서 단어 앞에 위치하여 관계를 나타낸다."

Tiểu từ là yếu tố thể hiện vai trò của từ trong câu, thường được đặt sau từ trong tiếng Hàn. Ngược lại, giới từ trong tiếng Anh được đặt trước từ để chỉ mối quan hệ.

② '한국어'와 '베트남어'의 문장 구조 비교

"한국어는 주어-목적어-서술어(SOV) 구조를 사용하는 언어이다. 반면, 베트남어는 주어-서술어-목적어(SVO) 구조를 사용한다."

Tiếng Hàn sử dụng cấu trúc SOV (chủ ngữ - tân ngữ - vị ngữ). Ngược lại, tiếng Việt sử dụng cấu trúc SVO (chủ ngữ - vị ngữ - tân ngữ).

③ '고양이'와 '강아지'의 특징 비교

"고양이는 독립적인 성격을 가진 반려동물이다. 반면, 강아지는 사람과의 상호작용을 즐기는 동물이다."

Mèo là thú cưng có tính cách độc lập. Ngược lại, chó con là loài động vật thích tương tác với con người.

② 전달하는 방법 (Cách truyền đạt)

① 차이점을 강조하여 비교하기

대상의 서로 다른 특징을 대조하여 차이를 명확히 드러낸다.

"고양이는 독립적인 성격을 가진 반려동물인 반면, 강아지는 사람과의 상호 작용을 즐긴다."

Mèo là thú cưng có tính cách độc lập, trong khi chó con thích tương tác với con người.

② 공통점을 강조하여 비교하기
두 대상의 유사한 특징을 언급하여 공통점을 강조한다.

"축구와 농구는 모두 팀워크가 중요한 스포츠이다."

Bóng đá và bóng rổ đều là các môn thể thao mà tinh thần đồng đội rất quan trọng.

③ 유사점과 차이점을 동시에 언급하기
두 대상의 공통점과 차이점을 함께 설명하여 독자가 더 깊이 이해하도록 한다.

"한국어와 영어는 모두 문법적인 규칙을 가진 언어이다. 그러나 영어는 전치사를 사용하지만 한국어는 조사를 사용한다."

Tiếng Hàn và tiếng Anh đều có quy tắc ngữ pháp. Tuy nhiên, tiếng Anh sử dụng giới từ, còn tiếng Hàn sử dụng tiểu từ.

③ 비교하기의 효과

비교를 통해 독자는 두 대상 간의 공통점과 차이점을 파악하며 복잡한 개념이나 정보를 더 쉽게 이해할 수 있다.

① 대상의 차이점을 명확히 드러냄
비교하기는 대상을 대조하여 차이점을 명확히 드러냄으로써 독자가 각각의 특징을 잘 이해하도록 돕는다.

> 한국어는 주어-목적어-서술어(SOV) 구조를 사용하는 언어이다. 반면, 베트남어는 주어-서술어-목적어(SVO) 구조를 사용한다. 이러한 구조적 차이는 두 언어를 배우는 학습자가 문법을 이해하는 데 중요하다.

② 공통점을 통해 관계를 설명함

공통점을 비교함으로써 대상을 연결하고, 독자가 두 대상 간의 유사성을 쉽게 이해하도록 돕는다.

> 고양이와 강아지는 모두 사람과 함께 사는 반려동물이다. 이들은 사람들에게 정서적 안정감을 주며, 함께 생활하면서 깊은 유대감을 형성할 수 있다. 이러한 공통점은 두 동물이 사람들에게 사랑받는 이유를 설명한다.

③ 논리적 사고를 돕고 비교 대상을 명확히 함

비교하기는 공통점과 차이점을 동시에 제시하여 논리적인 사고를 유도한다.

> 조사는 한국어에서 단어 뒤에 붙어 문장 내 역할을 나타낸다. 반면, 영어의 전치사는 단어 앞에 위치하며 관계를 나타낸다. 이러한 비교는 두 언어의 문법적 특성을 학습자가 이해하는 데 유용한 정보를 보인다.

④ 비교하기의 형식

① 차이점을 강조하는 형식

두 대상의 다른 점을 대조하여 차이를 설명하는 형식이다.

형식: ___은/는 ___, 반면 ___은/는 ___

"한국어는 주어-목적어-서술어(SOV) 구조를 사용하는 언어이다. 반면, 영어는 주어-서술어-목적어(SVO) 구조를 사용한다."

Tiếng Hàn sử dụng cấu trúc SOV (chủ ngữ - tân ngữ - vị ngữ).

Ngược lại, tiếng Anh sử dụng cấu trúc SVO (chủ ngữ - vị ngữ - tân ngữ).

② 공통점을 강조하는 형식
두 대상의 유사성을 강조하며 공통된 특징을 설명하는 형식이다.
형식: ___와/과 ___은/는 모두 ___이다.

"고양이와 강아지는 모두 사람과 함께 사는 반려동물이다."
Mèo và chó con đều là thú cưng sống cùng con người.

③ 공통점과 차이점을 동시에 제시하는 형식
두 대상의 유사점과 차이점을 동시에 언급하여 독자가 대상을 더 깊이 이해하도록 한다.
형식: ___와/과 ___은/는 모두 ___이다. 하지만 ___은/는 ___, 반면 ___은/는 ___

"한국어와 베트남어는 모두 문법적 규칙을 가진 언어이다. 하지만 한국어는 조사를 사용하고, 베트남어는 성조를 사용한다."
Tiếng Hàn và tiếng Việt đều có quy tắc ngữ pháp. Tuy nhiên, tiếng Hàn sử dụng tiểu từ, còn tiếng Việt sử dụng thanh điệu.

④ 구체적인 사례를 활용한 형식
구체적인 예를 들어 두 대상을 비교하며 설명하는 형식이다.
형식: ___의 예로는 ___이/가 있으며, ___의 예로는 ___이/가 있다.

"한국 음식의 예로는 김치와 불고기가 있으며, 일본 음식의 예로는 초밥과 라멘이 있다."
Ví dụ về món ăn Hàn Quốc là kim chi và bulgogi, còn ví dụ về món ăn Nhật Bản là sushi và ramen.

정리 (Tóm tắt)

비교하기는 두 대상의 공통점과 차이점을 밝혀 독자가 대상을 명확히 이해하도록 돕는 기본 원리이다.

So sánh là nguyên tắc cơ bản giúp làm rõ điểm giống và khác giữa hai đối tượng để người đọc hiểu rõ hơn.

• 차이점이나 공통점을 강조 Nhấn mạnh sự khác biệt hoặc điểm chung
• 구체적인 사례를 활용하여 비교 So sánh bằng cách sử dụng ví dụ cụ thể

1 설명의 목적 설정하기

정보나 현상을 설명하기 위해 가장 먼저 해야 할 일은 설명하려는 목적을 명확히 설정하는 것이다. 글의 목적은 독자에게 글의 방향성을 제시하고 내용을 읽는 이유를 분명히 알려준다. 이를 통해 독자는 무엇이 왜 중요한지 무엇을 기대할 수 있는지를 이해하게 된다.

① 기본 형식

"이 글에서는 ___에 대해 설명하려고 한다."
"___을/를 이해하기 위해 ___을/를 살펴보겠다."
"___의 중요성을 이해하고자 한다."

"이 글에서는 한국의 전통 음식에 대해 설명하려고 한다. 이를 통해 김치, 불고기, 비빔밥과 같은 한국 음식의 특징을 살펴보겠다."
Trong bài viết này, chúng ta sẽ giải thích về các món ăn truyền thống của Hàn Quốc. Qua đó, tìm hiểu đặc điểm của kim chi, bulgogi và bibimbap.

"이 글에서는 기후 변화의 원인과 결과를 분석하려고 한다. 이를 통해 환경 문제의 심각성을 이해하고 해결책을 모색할 수 있을 것이다."
Trong bài viết này, chúng ta sẽ phân tích nguyên nhân và hậu quả của biến đổi khí hậu. Qua đó, hiểu rõ mức độ nghiêm trọng của vấn đề môi trường và tìm kiếm giải pháp.

② **강조 형식**

"무엇보다 ___의 중요성을 강조하고자 한다."
"특히 ___에 초점을 맞추어 설명하겠다."
"___이/가 왜 중요한지를 논의하려고 한다."

"무엇보다 재생 가능 에너지의 중요성을 강조하고자 한다. 이를 통해 지속 가능한 미래를 위한 에너지 대안을 모색할 것이다."
Trên hết, chúng ta sẽ nhấn mạnh tầm quan trọng của năng lượng tái tạo. Qua đó, tìm kiếm các giải pháp năng lượng thay thế cho một tương lai bền vững.

"특히 한국어 문법에서 조사의 역할에 초점을 맞추어 설명하겠다."
Đặc biệt, bài viết này sẽ tập trung giải thích vai trò của tiểu từ trong ngữ pháp tiếng Hàn.

"데이터 보안의 중요성이 왜 강조되어야 하는지를 논의하려고 한다."
Đặc biệt, chúng ta sẽ thảo luận lý do tại sao tầm quan trọng của bảo mật dữ liệu cần được nhấn mạnh.

③ **문제의식 제기 형식**

"___은/는 현대 사회에서 중요한 문제로 떠오르고 있다."
"현재 ___에 대한 논의가 활발히 이루어지고 있다."
"이 글에서는 ___의 문제와 그 해결책에 대해 논의하고자 한다."

"기후 변화는 현대 사회에서 중요한 문제로 떠오르고 있다. 이 글에서는 기후 변화의 원인과 그로 인한 결과를 논의하고 이에 대한 대안을 제시하려고 한다."

Biến đổi khí hậu đang trở thành một vấn đề quan trọng trong xã hội hiện đại. Trong bài viết này, chúng ta sẽ thảo luận về nguyên nhân và hậu quả của biến đổi khí hậu, cũng như đưa ra các giải pháp.

"현재 AI 기술의 발전에 대한 논의가 활발히 이루어지고 있다. 이 글에서는 AI 기술의 장점과 단점을 분석하고 이를 활용한 미래 전망을 제시하려고 한다."

Hiện nay, các cuộc thảo luận về sự phát triển của công nghệ AI đang diễn ra sôi nổi. Trong bài viết này, chúng ta sẽ phân tích ưu điểm và nhược điểm của công nghệ AI, cũng như đưa ra những dự báo tương lai cho việc ứng dụng công nghệ này.

"이 글에서는 환경 오염의 주요 원인과 그로 인한 영향을 살펴보고, 이를 해결하기 위한 방안을 제시하려고 한다."

Trong bài viết này, chúng ta sẽ tìm hiểu về các nguyên nhân chính của ô nhiễm môi trường và những ảnh hưởng của nó, cũng như đưa ra các biện pháp khắc phục.

 정리 (Tóm tắt)

설명의 목적 설정하기
Xác định mục đích giải thích

• 기본 형식
"이 글에서는 ___에 대해 설명하려고 한다."
Trong bài viết này, chúng ta sẽ giải thích về ___.

• 강조 형식
"무엇보다 ___의 중요성을 강조하고자 한다."
Trên hết, chúng ta sẽ nhấn mạnh tầm quan trọng của ___.

---

② 기본 정보 제공하기

기본 정보 제공하기는 독자가 정보나 현상을 이해하기 위해 필요한 기초적인 배경지식이나 정의를 제시하는 단계이다. 기본 정보를 명확히 제시하면 독자가 글의 주제를 쉽게 파악하고 이후 내용을 이해하는 데 도움이 된다.

① 정의를 통해 기본 정보 제공하기

대상의 본질을 간단히 정의하고 핵심 특징을 설명한다.

형식:

"___(이)란 ___이다."

"___은/는 ___(으)로 정의할 수 있다."

"기후 변화란 지구의 평균 기온이 변하고 이상 기후 현상이 발생하는 것을 말한다."

Biến đổi khí hậu là sự thay đổi nhiệt độ trung bình của trái đất và sự xuất hiện của các hiện tượng thời tiết bất thường.

"교육이란 지식이나 기술을 가르치고 배우는 과정을 말한다."

Giáo dục là quá trình dạy và học kiến thức hoặc kỹ năng.

② **특징을 통해 기본 정보 제공하기**

대상의 주요 특징이나 성질을 제시한다.
형식:
"___의 특징은 ___이다."
"___은/는 ___의 성질을 가지고 있다."

"한국어의 특징은 조사와 종결어미를 사용하는 문법 구조를 가진다는 점이다."
Đặc điểm của tiếng Hàn là cấu trúc ngữ pháp sử dụng tiểu từ và vĩ tố dạng kết thúc.

"열대 우림의 특징은 기온이 높고 강수량이 많아 다양한 생물종이 서식한다는 점이다."
Đặc điểm của rừng nhiệt đới là nhiệt độ cao, lượng mưa nhiều và sự phong phú của các loài sinh vật.

③ **배경지식을 통해 기본 정보 제공하기**

현상의 역사적, 문화적, 과학적 배경을 제시한다.
형식:
"___은/는 ___에서 유래했다."
"___은/는 ___(으)로 인해 발생했다."

"한복은 조선 시대의 전통 의상에서 유래했으며 한국의 고유한 문화적 정체성을 반영한다."
Hanbok có nguồn gốc từ trang phục truyền thống thời Joseon và phản ánh bản sắc văn hóa độc đáo của Hàn Quốc.

"온실가스 증가는 산업혁명 이후 화석 연료 사용이 급증하면서 시작되었다."

Sự gia tăng khí thải nhà kính bắt đầu từ cuộc cách mạng công nghiệp khi việc sử dụng nhiên liệu hóa thạch tăng mạnh.

④ **숫자와 데이터를 활용하여 기본 정보 제공하기**

숫자나 데이터를 통해 독자가 정보를 더 구체적이고 정확하게 이해할 수 있도록 한다.

형식:

"___은/는 ___%를 차지한다."

"___에 따르면, ___이다."

"전 세계에서 1년에 약 80억 톤의 탄소가 배출된다."

Hàng năm, khoảng 8 tỷ tấn carbon được thải ra trên toàn cầu.

"유네스코에 따르면, 한복은 2020년에 세계문화유산으로 등록되었다."

Theo UNESCO, hanbok đã được ghi danh là di sản văn hóa thế giới vào năm 2020.

> ℹ️ **정리 (Tóm tắt)**
>
> 기본 정보 제공하기
> Cung cấp thông tin cơ bản
>
> • 정의를 통해 제공
> "___(이)란 ___이다."
> "___은/는 ___(으)로 정의할 수 있다."
> Bằng định nghĩa: "___là___." hoặc "___có thể được định nghĩa là___."

- 특징을 통해 제공

"___의 특징은 ___이다."

"___은/는 ___의 성질을 가지고 있다."

Bảng đặc điểm: "Đặc điểm của ___ là ___." hoặc "___mang đặc tính___."

- 배경지식을 통해 제공

"___은/는 ___에서 유래했다."

"___은/는 ___(으)로 인해 발생했다."

Bảng bối cảnh: "___có nguồn gốc từ___". hoặc "___xảy ra bởi___."

- 숫자와 데이터를 통해 제공

"___은/는 ___%를 차지한다."

"___에 따르면, ___이다."

Bảng số liệu: "___chiếm___%." hoặc "Theo___,___."

💬③ 원인 설명하기

원인 설명하기는 특정한 정보나 현상이 왜 발생했는지를 논리적으로 제시하여 독자가 본질을 이해하도록 돕는 단계이다. 원인을 설명할 때는 구체적이고 체계적인 방식으로 접근해야 한다. 이를 통해 독자는 현상을 둘러싼 맥락을 더잘 파악할 수 있다.

① 단일 원인 설명하기

현상이 주로 하나의 원인에 의해 발생했음을 강조한다.

형식:

"___의 주요 원인은 ___이다."

"이 현상은 ___(으)로 인해 발생하였다."

"기후 변화의 주요 원인은 온실가스 배출 증가이다."

Nguyên nhân chính của biến đổi khí hậu là sự gia tăng khí thải nhà kính.

"한국어 문법이 독특한 이유는 조사와 종결 어미를 사용하는 구조 때문이다."

Ngữ pháp tiếng Hàn đặc biệt vì cấu trúc sử dụng tiểu từ và vĩ tố kết thúc.

② 다중 원인 설명하기

여러 원인이 복합적으로 작용했음을 설명한다.

형식:

"이 현상은 여러 요인에서 비롯되었다. 첫째, ___이다. 둘째, ___이다."

"___은/는 ___와/과 ___이/가 결합되어 발생하였다."

"기후 변화는 여러 요인에서 비롯되었다. 첫째, 화석 연료 사용이 증가하였다. 둘째, 산림 파괴로 인해 탄소 흡수 능력이 감소하였다."

Biến đổi khí hậu bắt nguồn từ nhiều yếu tố. Thứ nhất, việc sử dụng nhiên liệu hóa thạch đã tăng lên. Thứ hai, sự phá hủy rừng đã làm giảm khả năng hấp thụ carbon.

"세계 경제 불황은 금융 시장의 불안정성과 정치적 불확실성이 결합되어 발생하였다."

Khủng hoảng kinh tế toàn cầu xảy ra do sự kết hợp giữa sự bất ổn của thị trường tài chính và tình trạng bất ổn chính trị.

③ 인과 관계를 통한 설명

원인과 그 결과를 연결하여 설명한다.
형식:
"___이/가 원인이 되어 ___이/가 발생하였다."
"___ 때문에 ___의 결과를 초래하였다."

"온실가스 배출이 증가한 것이 원인이 되어 지구 평균 온도가 상승하였다."
Sự gia tăng khí thải nhà kính là nguyên nhân làm nhiệt độ trung bình của trái đất tăng lên.

"무분별한 플라스틱 사용 때문에 바다 생태계가 심각한 피해를 입었다."
Việc sử dụng nhựa bừa bãi đã gây ra những thiệt hại nghiêm trọng cho hệ sinh thái biển.

④ 데이터와 사례를 활용한 설명

구체적인 데이터나 사례를 제시하여 원인을 설득력 있게 설명한다.
형식:
"___에 따르면, ___이/가 주요 원인으로 밝혀졌다."
"예를 들어, ___ 사례를 통해 ___이/가 원인임을 알 수 있다."

"IPCC 보고서에 따르면, 화석 연료의 연소가 기후 변화의 주요 원인으로 밝혀졌다."
Theo báo cáo của IPCC, việc đốt cháy nhiên liệu hóa thạch đã được xác định là nguyên nhân chính gây ra biến đổi khí hậu.

"예를 들어, 2020년 호주의 산불 사례를 통해 이상 고온이 발생한 원인이 기후 변화임을 알 수 있다."

Ví dụ, vụ cháy rừng ở Úc năm 2020 cho thấy biến đổi khí hậu là nguyên nhân dẫn đến hiện tượng nóng lên bất thường.

정리 (Tóm tắt)

원인 설명하기
Giải thích nguyên nhân

• 단일 원인
"___의 주요 원인은 ___이다."
"이 현상은 ___(으)로 인해 발생하였다."
Bằng một nguyên nhân: "Nguyên nhân chính của ___ là ___." hoặc "Hiện tượng này xảy ra do ___."

• 다중 원인
"이 현상은 여러 요인에서 비롯되었다. 첫째, ___이다. 둘째, ___이다."
"___은/는 ___와/과 ___이/가 결합되어 발생하였다."
Bằng nhiều nguyên nhân: "Hiện tượng này bắt nguồn từ nhiều yếu tố. Thứ nhất, ___. Thứ hai, ___." hoặc "___ xảy ra do sự kết hợp của ___ và ___."

• 인과 관계
"___이/가 원인이 되어 ___이/가 발생하였다."
"___ 때문에 ___의 결과를 초래하였다."
Thông qua quan hệ nhân quả: "___ là nguyên nhân dẫn đến ___." hoặc "Do ___, đã gây ra kết quả là ___."

• 데이터와 사례
"___에 따르면, ___이/가 주요 원인으로 밝혀졌다."
"예를 들어, ___ 사례를 통해 ___이/가 원인임을 알 수 있다."
Sử dụng dữ liệu và ví dụ: "Theo ___, nguyên nhân chính là ___." hoặc "Ví dụ, trường hợp ___ cho thấy rằng ___ là nguyên nhân."

④ 결과와 영향을 설명하기

결과와 영향을 설명하기는 특정 현상이나 정보가 초래한 결과와 그것이 주변에 미친 영향을 분석하는 과정이다. 결과를 설명하면 독자는 해당 현상이 가진 중요성을 이해하고 그것이 개인, 사회, 또는 환경에 어떤 변화를 가져왔는지 파악할 수 있다.

① 단일 결과 설명하기

현상이 하나의 주요 결과를 초래했음을 설명한다.
형식:
"___의 결과로 ___이/가 발생하였다."
"이로 인해 ___이/가 나타났다."

"온실가스 배출 증가는 지구 평균 온도 상승이라는 결과를 초래하였다."
Sự gia tăng khí thải nhà kính đã dẫn đến kết quả là nhiệt độ trung bình của trái đất tăng lên.

"스마트폰 사용의 확산으로 인해 사람들의 의사소통 방식이 크게 변화하였다."
Sự phổ biến của điện thoại thông minh đã làm thay đổi đáng kể cách con người giao tiếp.

② 다중 결과 설명하기

현상이 여러 가지 결과를 초래했음을 설명한다.
형식:
"___은/는 다음과 같은 결과를 초래하였다. 첫째, ___이다. 둘째, ___이다."
"___의 영향으로 ___와/과 ___이/가 동시에 나타났다."

"기후 변화는 다음과 같은 결과를 초래하였다. 첫째, 극단적인 날씨 현상이 증가하였다. 둘째, 해수면이 상승하여 해안 지역이 침수되었다."

Biến đổi khí hậu đã gây ra các kết quả sau. Thứ nhất, hiện tượng thời tiết cực đoan gia tăng. Thứ hai, mực nước biển dâng cao làm ngập lụt các khu vực ven biển.

"산업화는 공기 오염의 증가와 자연 서식지 파괴라는 결과를 동시에 초래하였다."

Quá trình công nghiệp hóa đã dẫn đến sự gia tăng ô nhiễm không khí và sự phá hủy môi trường sống tự nhiên.

③ 영향을 강조하여 설명하기

현상이 개인, 사회, 환경 등에 미친 영향을 분석하고 강조한다.
형식:
"이 현상은 ___에 큰 영향을 미쳤다."
"___이/가 특히 ___에 중요한 영향을 끼쳤다."

"기후 변화는 농업에 큰 영향을 미쳤다. 예를 들어 가뭄과 폭우로 인해 작물 수확량이 급격히 감소하였다."

Biến đổi khí hậu đã ảnh hưởng lớn đến ngành nông nghiệp. Ví dụ, hạn hán và mưa lớn đã làm giảm đáng kể năng suất cây trồng.

"인터넷의 발달은 특히 교육에 중요한 영향을 끼쳤다. 예컨대 온라인 학습이 보편화되어 전 세계 사람들이 쉽게 교육에 접근할 수 있게 되었다."

Sự phát triển của internet đã ảnh hưởng đặc biệt đến giáo dục. Ví dụ, việc học trực tuyến đã trở nên phổ biến, giúp mọi người trên toàn thế giới dễ dàng tiếp cận giáo dục hơn.

④ 사례와 데이터를 활용하여 설명하기

구체적인 사례와 데이터를 활용해 결과와 영향을 더욱 설득력 있게 전달한다.
형식:
"___의 결과로 ___이/가 발생하였다. 예를 들어, ___ 사례가 있다."
"___에 따르면, ___이/가 ___에 미친 영향을 보여준다."

　"기후 변화의 결과로 해수면이 상승하였다. 예를 들어 몰디브는 해수면 상승
으로 인해 일부 지역이 침수되었다."
　Hậu quả của biến đổi khí hậu là mực nước biển dâng cao. Ví dụ,
Maldives đã bị ngập lụt ở một số khu vực do mực nước biển tăng.

　"유네스코에 따르면, 환경 변화로 인해 50% 이상의 야생 동물 서식지가 손
실되었다."
　Theo UNESCO, hơn 50% môi trường sống của động vật hoang dã
đã bị mất do biến đổi môi trường.

정리 (Tóm tắt)

결과와 영향을 설명하기
Giải thích kết quả và ảnh hưởng

• 단일 결과 설명하기
"___의 결과로 ___이/가 발생하였다."
"이로 인해 ___이/가 나타났다."
Bằng một kết quả:
"Hậu quả của ___ là ___."
"Điều này dẫn đến ___."

- 다중 결과 설명하기

"___은/는 다음과 같은 결과를 초래하였다. 첫째, ___이다. 둘째, ___이다."

"___의 영향으로 ___와/과 ___이/가 동시에 나타났다."

Bằng nhiều kết quả:

"___ đã gây ra các kết quả sau. Thứ nhất, ___. Thứ hai, ___."

"Do ảnh hưởng của ___, cả ___ và ___ đã xuất hiện đồng thời."

- 영향을 강조하여 설명하기

"이 현상은 ___에 큰 영향을 미쳤다."

"___이/가 특히 ___에 중요한 영향을 끼쳤다."

Nhấn mạnh ảnh hưởng:

"Hiện tượng này đã ảnh hưởng lớn đến ___."

"___ đặc biệt ảnh hưởng quan trọng đến ___."

- 사례와 데이터를 활용하여 설명하기

"___의 결과로 ___이/가 발생하였다. 예를 들어, ___ 사례가 있다."

"___에 따르면, ___이/가 ___에 미친 영향을 보여준다."

Sử dụng dữ liệu và ví dụ:

"Hậu quả của ___ là ___. Ví dụ, trường hợp ___ đã xảy ra."

"Theo ___, ___ cho thấy ảnh hưởng của nó đối với ___."

⑤ 관련 예시나 사례 제시하기

예시나 사례를 제시하기는 독자가 정보를 구체적으로 이해하고 추상적인 개념을 현실적이고 생생하게 상상할 수 있도록 돕는 방법이다. 적절한 예시를 활용하면 설명문의 설득력이 강화되고 독자의 관심을 끌 수 있다.

① 간단한 예시 제시하기

짧고 간단한 예를 통해 개념을 명확히 한다.
형식:
"예를 들어, ___."
"___의 예로는 ___이/가 있다."

"기후 변화는 극단적인 날씨를 초래한다. 예를 들어 전 세계적으로 강력한 허리케인과 폭염이 빈번해지고 있다."
Biến đổi khí hậu gây ra thời tiết cực đoan. Ví dụ, các cơn bão mạnh và nắng nóng cực đoan ngày càng xảy ra thường xuyên trên toàn thế giới.

"스마트폰은 다양한 기능을 가진 도구이다. 예를 들어, 사진 촬영, 인터넷 검색, 그리고 음악 감상이 가능하다."
Điện thoại thông minh là một công cụ với nhiều chức năng. Ví dụ, nó có thể chụp ảnh, tìm kiếm trên internet và nghe nhạc.

② 구체적인 사례 제시하기

더 자세한 사례를 제시하여 독자가 내용을 깊이 이해하도록 돕는다.
형식:
"___ 사례를 통해 ___을/를 알 수 있다."
"___은/는 ___의 대표적인 사례이다."

"2020년 호주의 산불 사례를 통해 기후 변화가 초래한 극단적인 결과를 알 수 있다. 이는 고온과 건조한 환경이 산불을 확산시키는 데 큰 영향을 미쳤다."
Vụ cháy rừng ở Úc năm 2020 cho thấy hậu quả cực đoan mà biến

đổi khí hậu gây ra. Nhiệt độ cao và môi trường khô hạn đã góp phần lớn vào sự lan rộng của cháy rừng.

"몰디브는 해수면 상승의 대표적인 사례이다. 해수면이 계속 상승하면 몰디브의 대부분 지역이 침수될 위험에 처해 있다."

Maldives là một ví dụ điển hình về sự gia tăng mực nước biển. Nếu mực nước biển tiếp tục dâng, phần lớn khu vực của Maldives sẽ bị ngập lụt.

③ 통계와 데이터를 활용한 예시

숫자와 데이터를 사용하여 객관적으로 정보를 전달한다.
형식:
"___에 따르면, ___이다."
"데이터에 따르면, ___이/가 ___을/를 보여준다."

"유엔 보고서에 따르면, 매년 약 80억 톤의 탄소가 대기로 배출된다. 이는 지구 온난화의 주요 원인으로 지목되고 있다."

Theo báo cáo của Liên Hợp Quốc, khoảng 8 tỷ tấn carbon được thải vào khí quyển mỗi năm. Điều này được cho là nguyên nhân chính của hiện tượng nóng lên toàn cầu.

"통계에 따르면, 전 세계 인구의 약 60%가 스마트폰을 사용하고 있다. 이는 스마트폰이 현대인의 삶에 필수적인 도구가 되었음을 보여준다."

Theo thống kê, khoảng 60% dân số thế giới sử dụng điện thoại thông minh. Điều này cho thấy điện thoại thông minh đã trở thành công cụ thiết yếu trong cuộc sống con người hiện đại.

④ 상상 가능한 상황 제시하기

독자가 구체적인 상황을 상상하도록 도와 이해를 돕는다.
형식:
"만약 ___(이)라면, ___-(으)ㄹ 것이다."
"___와/과 같은 상황을 상상해 보자."

"만약 전 세계가 재생 가능 에너지를 사용한다면 온실가스 배출량은 급격히
감소할 것이다."
Nếu toàn thế giới sử dụng năng lượng tái tạo, lượng khí thải nhà
kính sẽ giảm đáng kể.

"하루 동안 스마트폰 없이 생활하는 상황을 상상해 보자. 많은 사람들이 불
편함을 느끼고 일상적인 활동에 큰 제약을 받을 것이다."
Hãy tưởng tượng một ngày sống mà không có điện thoại thông
minh. Nhiều người sẽ cảm thấy bất tiện và gặp khó khăn lớn trong
các hoạt động hàng ngày.

정리 (Tóm tắt)

관련 예시나 사례 제시하기
Đưa ra ví dụ hoặc trường hợp liên quan

• 간단한 예시 제시하기
"예를 들어, ___."
"___의 예로는 ___이/가 있다."
Ví dụ ngắn gọn:
"Ví dụ, ___."
"Ví dụ về ___ có ___."

- 구체적인 사례 제시하기
"___ 사례를 통해 ___을/를 알 수 있다."
"___은/는 ___의 대표적인 사례이다."
Ví dụ cụ thể:
"Qua trường hợp ___, chúng ta có thể thấy ___."
"___ là một ví dụ điển hình về ___."

- 통계와 데이터를 활용한 예시
"___에 따르면, ___이다."
"데이터에 따르면, ___이/가 ___을/를 보여준다."
Sử dụng thống kê và dữ liệu:
"Theo ___, ___."
"Theo dữ liệu, ___ cho thấy rằng ___."

- 상상 가능한 상황 제시하기
"만약 ___(이)라면, ___-(으)ㄹ 것이다."
"___와/과 같은 상황을 상상해 보자."
Tình huống giả tưởng:
"Nếu ___, thì ___."
"Hãy tưởng tượng một tình huống như ___."

6 해결책이나 미래 전망 제시하기

해결책이나 미래 전망 제시하기는 설명문에서 독자가 문제를 이해한 후 해결 방안을 모색하거나 미래에 대한 방향성을 제시하는 단계이다. 이를 통해 글은 단순히 현상을 설명하는 데 그치지 않고 독자가 실질적인 행동을 생각하거나 미래를 대비할 수 있도록 돕는다.

① **실질적인 해결책 제시하기**

구체적인 행동 방안을 제시하여 독자가 문제를 해결하기 위한 방법을 이해하도록 돕는다.

형식:

"이를 해결하기 위해 ___이/가 필요하다."

"___을/를 통해 문제를 해결할 수 있다."

"기후 변화를 해결하기 위해 재생 가능 에너지 사용을 확대해야 한다. 예를 들어 태양광, 풍력과 같은 친환경 에너지를 적극 도입하는 것이 중요하다."

Để giải quyết vấn đề biến đổi khí hậu, cần mở rộng việc sử dụng năng lượng tái tạo. Ví dụ, cần tích cực sử dụng các nguồn năng lượng thân thiện với môi trường như năng lượng mặt trời và năng lượng gió.

"쓰레기 문제를 해결하려면 재활용 시스템을 강화하고 일회용품 사용을 줄여야 한다."

Để giải quyết vấn đề rác thải, cần tăng cường hệ thống tái chế và giảm sử dụng đồ dùng một lần.

② **장기적인 계획과 정책 제시하기**

현재 문제를 해결하기 위한 중장기적인 방향성을 제시한다.

형식:

"앞으로 ___을/를 통해 ___을/를 실현할 수 있다."

"장기적으로는 ___이/가 필요하다."

"앞으로 각국 정부의 협력을 통해 온실가스 배출량을 줄이는 국제적인 협약을 강화할 수 있다."

Trong tương lai, thông qua sự hợp tác giữa các chính phủ, có thể củng cố các hiệp định quốc tế nhằm giảm lượng khí thải nhà kính.

"장기적으로는 교육과 캠페인을 통해 대중의 환경 인식을 높이는 것이 필요하다."

Về lâu dài, cần nâng cao nhận thức của công chúng về môi trường thông qua giáo dục và các chiến dịch.

③ 긍정적인 미래 전망 제시하기

문제 해결 후의 기대되는 결과나 긍정적인 미래를 제시한다.

형식:

"___이/가 이루어진다면, ___을/를 기대할 수 있다."

"___은/는 ___에 큰 변화를 가져올 것이다."

"재생 가능 에너지가 보편화된다면, 온실가스 배출이 크게 감소하고 지구 온난화를 늦출 수 있을 것이다."

Nếu năng lượng tái tạo trở nên phổ biến, lượng khí thải nhà kính sẽ giảm đáng kể và hiện tượng nóng lên toàn cầu có thể được làm chậm lại.

"스마트 도시 기술의 발전은 교통 체계와 에너지 관리에 큰 변화를 가져올 것이다."

Sự phát triển của công nghệ thành phố thông minh sẽ mang lại thay đổi lớn trong hệ thống giao thông và quản lý năng lượng.

④ **경고와 대비책 제시하기**

문제를 방치했을 때의 부정적인 결과와 이에 대비하기 위한 방법을 제안한다.

형식:

"만약 ___하지 않는다면, ___이/가 발생할 수 있다."

"이를 방지하기 위해 ___이/가 필요하다."

"만약 기후 변화에 대응하지 않는다면, 해수면 상승으로 수백만 명의 사람들이 거주지를 잃을 수 있다. 이를 방지하기 위해 적극적인 온실가스 감축 노력이 필요하다."

Nếu không ứng phó với biến đổi khí hậu, hàng triệu người có thể mất nơi ở do mực nước biển dâng cao. Để ngăn chặn điều này, cần nỗ lực giảm phát thải khí nhà kính một cách tích cực.

"쓰레기 문제를 해결하지 않는다면, 미래 세대는 심각한 환경 오염에 직면할 것이다. 이를 방지하기 위해 지금부터 재활용을 실천해야 한다."

Nếu không giải quyết vấn đề rác thải, các thế hệ tương lai sẽ phải đối mặt với ô nhiễm môi trường nghiêm trọng. Để ngăn chặn điều này, cần bắt đầu thực hiện tái chế ngay từ bây giờ.

ⓘ **정리 (Tóm tắt)**

해결책이나 미래 전망 제시하기

Đưa ra giải pháp hoặc dự báo tương lai

• 실질적인 해결책 제시하기

"이를 해결하기 위해 ___이/가 필요하다."

"___을/를 통해 문제를 해결할 수 있다."

Đưa ra giải pháp cụ thể:

"Để giải quyết vấn đề này, cần ___."

"Có thể giải quyết vấn đề thông qua ___."

• 장기적인 계획과 정책 제시하기

"앞으로 ___을/를 통해 ___을/를 실현할 수 있다."

"장기적으로는 ___이/가 필요하다."

Đưa ra kế hoạch dài hạn:

"Trong tương lai, thông qua ___, có thể đạt được ___."

"Về lâu dài, cần ___."

• 긍정적인 미래 전망 제시하기

"___이/가 이루어진다면, ___을/를 기대할 수 있다."

"___은/는 ___에 큰 변화를 가져올 것이다."

Đưa ra dự báo tích cực:

"Nếu ___ được thực hiện, có thể kỳ vọng ___."

"___ sẽ mang lại thay đổi lớn trong ___."

• 경고와 대비책 제시하기

"만약 ___하지 않는다면, ___이/가 발생할 수 있다."

"이를 방지하기 위해 ___이/가 필요하다."

Đưa ra cảnh báo và biện pháp đối phó:

"Nếu không ___, ___ có thể xảy ra."

"Để ngăn chặn điều này, cần ___."

대상이나 현상을 설명하는 글은 특정 사물, 자연 현상, 사회 현상 등을 명확히 이해하도록 돕기 위해 작성된다.

1 사물 설명하기

사물 설명하기는 어떤 물건이나 도구에 대해 정의하고 그것의 특징과 용도를 설명하는 글이다. 사물 설명은 우리가 사용하는 다양한 물건을 이해하는 데 도움을 준다. 예를 들어 스마트폰, 가방, 자전거 같은 물건을 설명하는 글이 이에 해당한다.

1 사물 설명하기의 순서

① 정의하기
먼저 사물이 무엇인지 간단히 정의한다.

예: "스마트폰은 다양한 기능을 가진 휴대용 전자 기기이다."

② 특징 나열하기
사물이 가진 특징을 하나씩 나열한다.

예: "스마트폰의 특징으로는 화면, 터치 기능, 인터넷 연결 등이 있다."

③ 용도 설명하기
사물이 어떤 목적으로 사용되는지 설명한다.

예: "스마트폰은 통화, 사진 촬영, 인터넷 검색 등에 사용된다."

④ 예시 추가하기
독자의 이해를 돕기 위해 구체적인 예를 제시한다.

예: "스마트폰으로 가족과 사진을 찍고 친구와 메시지를 보낼 수 있다."

② 사물 설명하기의 예

스마트폰 설명하기의 예

"스마트폰은 전화 통화, 문자 메시지, 사진 촬영, 인터넷 사용 등 여러 가지 기능을 가진 휴대용 기기이다. 스마트폰의 특징으로는 큰 화면과 터치 기능이 있으며, 인터넷에 연결할 수 있다. 또한, 스마트폰은 사람들이 어디서든 쉽게 소통할 수 있도록 돕는다. 예를 들어, 스마트폰으로 친구와 대화하거나 온라인으로 쇼핑할 수 있다."

Điện thoại thông minh là một thiết bị di động có nhiều chức năng như gọi điện, nhắn tin, chụp ảnh và sử dụng internet. Đặc điểm của nó bao gồm màn hình lớn, chức năng cảm ứng và khả năng kết nối internet. Ngoài ra, điện thoại thông minh giúp mọi người giao tiếp dễ dàng ở bất cứ đâu. Ví dụ, có thể trò chuyện với bạn bè hoặc mua sắm trực tuyến qua điện thoại thông minh.

자전거 설명하기의 예

"자전거는 사람이 페달을 밟아 바퀴를 움직여서 앞으로 나아가는 교통수단이다. 자전거는 두 개의 바퀴와 핸들, 그리고 사람이 앉는 안장이 있다. 자전거는 운동을 하거나 가까운 거리를 이동할 때 자주 사용된다. 예를 들어, 자전거를 타고 공원에서 운동을 하거나 집 근처 마트를 갈 때 사용할 수 있다."

Xe đạp là phương tiện giao thông hoạt động bằng cách đạp bàn đạp để làm quay bánh xe. Xe đạp có hai bánh, tay lái và yên ngồi cho người sử dụng. Xe đạp thường được sử dụng để tập thể dục hoặc di chuyển khoảng cách ngắn. Ví dụ, có thể dùng xe đạp để tập thể dục ở công viên hoặc đi đến siêu thị gần nhà.

정리 (Tóm tắt)

사물 설명하기는 어떤 물건이나 도구에 대해 정의하고 그것의 특징과 용도를 설명하는 글이다. 다음과 같은 순서로 작성할 수 있다.
Mô tả đồ vật là một bài viết nhằm định nghĩa và giải thích đặc điểm cũng như công dụng của một đồ vật hoặc công cụ. Có thể thực hiện theo các bước sau

• 정의하기 Định nghĩa
• 특징 나열하기 Liệt kê đặc điểm
• 용도 설명하기 Giải thích công dụng
• 예시 추가하기 Thêm ví dụ

② 자연 현상 설명하기

자연 현상 설명하기는 자연에서 일어나는 현상을 정의하고 그것의 원인과 결과를 설명하는 글이다. 이러한 글은 독자가 복잡한 자연 현상을 쉽게 이해할 수 있도록 돕는다. 예를 들어 지구 온난화, 태풍, 화산 폭발 같은 현상을 설명하는 글이 이에 해당한다.

① 자연 현상 설명하기의 순서

① 정의하기
먼저 현상이 무엇인지 간단히 정의한다.

> 예: "지구 온난화란 지구의 평균 기온이 상승하는 현상을 말한다."

② 원인 설명하기
현상이 왜 일어나는지 그 원인을 설명한다.

> 예: "지구 온난화는 화석 연료 사용으로 인한 온실가스 증가 때문이다."

③ 결과와 영향 설명하기
현상이 어떤 결과를 초래하고, 그로 인해 자연과 인간에게 어떤 영향을 미치는지 설명한다.

> 예: "지구 온난화로 인해 해수면이 상승하고, 극단적인 날씨가 더 자주 발생한다."

④ 구체적인 사례 추가하기
독자의 이해를 돕기 위해 실제 사례를 제시한다.

> 예: "몰디브는 해수면 상승으로 인해 일부 지역이 침수되고 있다."

② 자연 현상 설명하기의 예

> **지구 온난화 설명하기의 예**
>
> "지구 온난화란 지구의 평균 기온이 상승하는 현상을 말한다. 이 현상은 화석 연료 사용과 온실가스 배출 증가로 발생한다. 예를 들어, 자동차와 공장에서 배출되는 이산화탄소가 대기에

축적되어 온실효과를 유발한다. 결과적으로, 북극의 얼음이 녹고 해수면이 상승하며 폭염과 홍수 같은 극단적인 날씨가 자주 발생한다."

Biến đổi khí hậu là hiện tượng nhiệt độ trung bình của trái đất tăng lên. Nguyên nhân của hiện tượng này là việc sử dụng nhiên liệu hóa thạch và sự gia tăng khí thải nhà kính. Ví dụ, khí CO2 từ xe cộ và nhà máy tích tụ trong khí quyển, gây ra hiệu ứng nhà kính. Kết quả là băng ở Bắc Cực tan chảy, mực nước biển dâng cao và thời tiết cực đoan như nắng nóng và lũ lụt xảy ra thường xuyên hơn.

자전거 설명하기의 예

"자전거는 사람이 페달을 밟아 바퀴를 움직여서 앞으로 나아가는 교통수단이다. 자전거는 두 개의 바퀴와 핸들, 그리고 사람이 앉는 안장이 있다. 자전거는 운동을 하거나 가까운 거리를 이동할 때 자주 사용된다. 예를 들어, 자전거를 타고 공원에서 운동을 하거나 집 근처 마트를 갈 때 사용할 수 있다."

Xe đạp là phương tiện giao thông hoạt động bằng cách đạp bàn đạp để làm quay bánh xe. Xe đạp có hai bánh, tay lái và yên ngồi cho người sử dụng. Xe đạp thường được sử dụng để tập thể dục hoặc di chuyển khoảng cách ngắn. Ví dụ, có thể dùng xe đạp để tập thể dục ở công viên hoặc đi đến siêu thị gần nhà.

태풍 설명하기의 예

"태풍이란 열대 지역에서 발생하는 강한 바람과 비를 동반한 폭풍을 말한다. 태풍은 바다의 따뜻한 물에서 증발한 수증기가 대기 중에서 회전하면서 형성된다. 주요 원인은 바다 표면 온도가 상승하면서 공기가 빠르게 상승하는 것이다. 태풍은 많은 피해를 초래한다. 예를 들어, 2020년 태풍 하이선은 한국의 여러 지역에서 홍수와 정전 사태를 발생시켰다."

Bão là hiện tượng mưa lớn và gió mạnh xảy ra ở các vùng nhiệt đới. Bão hình thành từ hơi nước bốc lên từ nước biển ấm, tạo thành các vòng xoáy trong không khí. Nguyên nhân chính là nhiệt độ bề mặt nước biển tăng, làm không khí bốc lên nhanh chóng. Bão gây ra nhiều thiệt hại. Ví dụ, cơn bão Haishen năm 2020 đã gây ra lũ lụt và mất điện ở nhiều khu vực tại Hàn Quốc.

"화산 폭발은 지구 내부의 마그마가 밖으로 분출되는 현상을 말한다. 이 현상은 지구 내부의 열과 압력이 증가하여 마그마가 표면으로 올라올 때 발생한다. 화산 폭발은 강한 폭발과 함께 용암과 화산재를 방출한다. 예를 들어, 2010년 아이슬란드 에이야피야틀라요쿨 화산 폭발은 유럽 전역의 항공 운항에 큰 영향을 미쳤다."

Phun trào núi lửa là hiện tượng magma từ bên trong trái đất phun ra ngoài. Hiện tượng này xảy ra khi nhiệt độ và áp suất bên trong trái đất tăng cao, đẩy magma lên bề mặt. Phun trào núi lửa thường đi kèm với vụ nổ mạnh, dung nham và tro bụi núi lửa. Ví dụ, vụ phun trào núi lửa Eyjafjallajökull ở Iceland năm 2010 đã ảnh hưởng lớn đến hoạt động hàng không trên toàn châu Âu.

정리 (Tóm tắt)

자연 현상 설명하기는 자연에서 일어나는 현상을 정의하고 그것의 원인과 결과를 설명하는 글이다. 다음과 같은 순서로 작성할 수 있다.

Mô tả hiện tượng tự nhiên là một bài viết nhằm định nghĩa và giải thích nguyên nhân cũng như kết quả của các hiện tượng xảy ra trong tự nhiên. Có thể thực hiện theo các bước sau

- 정의하기 Định nghĩa
- 원인 설명하기 Giải thích nguyên nhân
- 결과와 영향 설명하기 Giải thích kết quả và ảnh hưởng
- 구체적인 사례 추가하기 Thêm ví dụ cụ thể

③ 사회 현상 설명하기

사회 현상 설명하기는 사회에서 발생하는 문제나 변화를 정의하고 그것의 원인과 결과를 설명하는 글이다. 이러한 글은 독자가 사회 현상의 본질과 그 영향을 이해하도록 돕는다. 예를 들어, 고령화 사회, 환경 오염, 도시화 같은 현상을 설명하는 글이 이에 해당한다.

① 사회 현상 설명하기의 순서

① 정의하기
먼저 사회 현상이 무엇인지 정의한다.

  예: "고령화 사회란 전체 인구에서 노인 인구의 비율이 높아지는 현상을 말한다."

② 원인 설명하기
현상이 왜 일어나는지 그 원인을 설명한다.

  예: "고령화는 출산율 감소와 평균 수명의 증가로 인해 발생한다."

③ 결과와 영향 설명하기
현상이 사회, 경제, 문화 등에 미치는 영향을 설명한다.

  예: "고령화는 노동력 부족과 사회복지 비용 증가를 초래한다."

④ 해결책 제시하기
현상을 해결하거나 완화하기 위한 방안을 논의한다.

  예: "고령화 문제를 해결하려면 출산율을 높이고 노인 복지 정책을 강화해야 한다."

⑤ 구체적인 사례 추가하기
독자의 이해를 돕기 위해 실제 사례를 제시한다.

  예: "일본은 세계에서 가장 빠르게 고령화가 진행되고 있는 국가로, 이를 해결하기 위해 로봇 기술을 활용한 노인 돌봄 서비스를 제공하고 있다."

② 사회 현상 설명하기의 예

'고령화 사회' 설명하기의 예

"고령화 사회란 전체 인구에서 노인의 비율이 증가하는 현상을 말한다. 이 현상은 출산율 감소와 평균 수명의 증가로 인해 발생한다. 고령화는 노동 인구 감소와 사회복지 부담 증가와 같은 문제를 초래한다. 예를 들어, 일본은 고령화로 인해 경제 성장 둔화와 노인 돌봄 비용 증가 문제를 겪고 있다. 이를 해결하기 위해 출산 장려 정책과 노인 복지 시스템 강화를 추진하고 있다."

Già hóa dân số là hiện tượng tỷ lệ người cao tuổi trong tổng dân số tăng lên. Hiện tượng này xảy ra do tỷ lệ sinh giảm và tuổi thọ trung bình tăng. Già hóa dân số dẫn đến các vấn đề như giảm lực lượng lao động và tăng gánh nặng phúc lợi xã hội. Ví dụ, Nhật Bản đang đối mặt với sự chậm lại của tăng trưởng kinh tế và chi phí chăm sóc người cao tuổi tăng cao. Để giải quyết, Nhật Bản đang thúc đẩy chính sách khuyến khích sinh sản và cải thiện hệ thống phúc lợi cho người cao tuổi.

'환경 오염' 설명하기의 예

"환경 오염이란 인간의 활동으로 인해 공기, 물, 토양 등이 오염되는 현상을 말한다. 주요 원인으로는 산업화, 과도한 쓰레기 배출, 화석 연료 사용이 있다. 환경 오염은 생태계 파괴, 기후 변화, 건강 문제를 초래한다. 예를 들어, 대기 오염은 호흡기 질환 증가의 주요 원인이 되고 있다. 이를 해결하기 위해 재활용 시스템 강화와 친환경 에너지 사용 확대가 필요하다."

Ô nhiễm môi trường là hiện tượng không khí, nước và đất bị ô nhiễm do hoạt động của con người. Nguyên nhân chính bao gồm công nghiệp hóa, thải rác quá mức và sử dụng nhiên liệu hóa thạch. Ô nhiễm môi trường gây ra sự phá hủy hệ sinh thái, biến đổi khí hậu và các vấn đề về sức khỏe. Ví dụ, ô nhiễm không khí là nguyên nhân chính dẫn đến sự gia tăng các bệnh về đường hô hấp. Để giải quyết, cần tăng cường hệ thống tái chế và mở rộng việc sử dụng năng lượng thân thiện với môi trường.

"도시화란 사람들이 농촌에서 도시로 이동하여 도시 지역이 확장되는 현상을 말한다. 이 현상의 주요 원인은 더 나은 일자리와 교육 기회를 찾으려는 욕구이다. 도시화는 경제 발전을 촉진하지만, 주택 부족, 교통 혼잡, 환경 오염과 같은 문제를 초래한다. 예를 들어, 서울은 급격한 도시화로 인해 교통 체증과 주거 문제를 겪고 있다. 이를 해결하기 위해 도시 계획을 체계적으로 관리하고 교통 인프라를 개선해야 한다."

Đô thị hóa là hiện tượng mở rộng khu vực thành thị khi người dân di cư từ nông thôn ra thành phố. Nguyên nhân chính của hiện tượng này là mong muốn tìm kiếm việc làm và cơ hội giáo dục tốt hơn. Đô thị hóa thúc đẩy sự phát triển kinh tế nhưng cũng gây ra các vấn đề như thiếu nhà ở, tắc nghẽn giao thông và ô nhiễm môi trường. Ví dụ, Seoul đang đối mặt với tình trạng ùn tắc giao thông và vấn đề nhà ở do đô thị hóa nhanh chóng. Để giải quyết, cần quản lý quy hoạch đô thị một cách hệ thống và cải thiện cơ sở hạ tầng giao thông.

정리 (Tóm tắt)

사회 현상 설명하기는 사회에서 발생하는 문제나 변화를 정의하고 그것의 원인과 결과를 설명하는 글이다. 다음과 같은 순서로 작성할 수 있다.

Mô tả hiện tượng xã hội là một bài viết nhằm định nghĩa và giải thích nguyên nhân cũng như kết quả của các vấn đề hoặc sự thay đổi xảy ra trong xã hội. Có thể thực hiện theo các bước sau

- 정의하기 Định nghĩa
- 원인 설명하기 Giải thích nguyên nhân
- 결과와 영향 설명하기 Giải thích kết quả và ảnh hưởng
- 해결책 제시하기 Đưa ra giải pháp
- 구체적인 사례 추가하기 Thêm ví dụ cụ thể

④ 사물과 현상의 비교 설명하기

비교 설명하기는 두 가지 이상의 대상(사물 또는 현상)을 정의하고, 공통점과 차이점을 분석하여 설명하는 글이다. 이 방법은 독자가 대상 간의 유사성과 차이를 명확히 이해하도록 돕는다. 예를 들어, 태양광 에너지와 화석 연료, 한국과 베트남의 명절 문화 등을 비교하는 글이 이에 해당한다.

① 사물과 현상의 비교 설명하기의 순서

① 비교 대상 정의하기
먼저 비교할 대상을 간단히 정의한다.

   예: "태양광 에너지란 태양 빛을 전기로 변환하는 기술이고, 화석 연료란 석탄, 석유 등에서 에너지를 얻는 자원을 말한다."

② 공통점 나열하기
두 대상의 유사한 점을 설명한다.

   예: "태양광 에너지와 화석 연료 모두 전력을 생산하는 데 사용된다."

③ 차이점 분석하기
두 대상의 차이점을 대조하여 설명한다.

   예: "태양광 에너지는 재생 가능하지만, 화석 연료는 한정된 자원으로 점차 고갈된다."

④ 결론 및 평가
비교를 통해 대상의 특성과 가치를 평가하거나 종합한다.

예: "태양광 에너지는 환경 친화적이고 지속 가능하다는 점에서 미래 에너지로 적합하다."

② 사물과 현상의 비교 설명하기의 예

'태양광 에너지와 화석 연료' 비교하기

"태양광 에너지는 태양 빛을 전기로 변환하는 기술이고, 화석 연료는 석탄, 석유 같은 자원에서 에너지를 얻는 방식이다. 두 가지 모두 전력을 생산하는 데 사용되며, 현대 산업과 생활에서 중요한 역할을 한다. 그러나 태양광 에너지는 재생 가능하고 온실가스를 배출하지 않는 반면, 화석 연료는 유한한 자원으로 환경 오염을 유발한다. 따라서 지속 가능한 미래를 위해 태양광 에너지의 사용을 확대해야 한다."

Năng lượng mặt trời là công nghệ chuyển đổi ánh sáng mặt trời thành điện năng, trong khi nhiên liệu hóa thạch là nguồn năng lượng từ than đá và dầu mỏ. Cả hai đều được sử dụng để sản xuất điện năng và đóng vai trò quan trọng trong ngành công nghiệp hiện đại. Tuy nhiên, năng lượng mặt trời là nguồn tái tạo và không gây phát thải khí nhà kính, trong khi nhiên liệu hóa thạch là nguồn tài nguyên có hạn và gây ô nhiễm môi trường. Do đó, cần mở rộng việc sử dụng năng lượng mặt trời để xây dựng một tương lai bền vững.

'한국과 베트남의 명절 문화' 비교하기

"한국과 베트남은 모두 음력을 기반으로 설날을 중요한 명절로 기념한다. 두 나라 모두 설날에 가족이 모여 음식을 나누고 조상을 기리는 풍습이 있다. 하지만 한국에서는 떡국을 먹으며 한 살 더 먹는다는 의미를 담고 있고, 베트남에서는 반쯩을 만들어 가족과 나누며 새해를 맞이한다. 이러한 차이는 두 나라의 독특한 문화적 정체성을 보여준다."

Hàn Quốc và Việt Nam đều tổ chức Tết Nguyên Đán dựa trên lịch âm như một dịp lễ quan trọng. Cả hai quốc gia đều có phong tục quây quần gia đình, cùng nhau thưởng thức món ăn và tưởng nhớ tổ tiên. Tuy nhiên, ở Hàn Quốc, người dân ăn canh bánh gạo với ý nghĩa thêm một tuổi, trong khi tại Việt Nam, người dân làm bánh chưng để chia sẻ cùng gia đình và đón năm mới. Những khác biệt này thể hiện bản sắc văn hóa độc đáo của hai quốc gia.

'전통 시장과 현대적 쇼핑몰' 비교하기

"전통 시장과 현대적 쇼핑몰은 모두 물건을 사고파는 공간이다. 전통 시장은 주로 야외에서 이루어지며 신선한 식료품과 지역 특산물을 판매하는 반면, 현대적 쇼핑몰은 실내에 위치하며 의류, 전자제품 등 다양한 상품과 함께 엔터테인먼트 시설을 제공한다. 전통 시장은 지역 사회와 연결된 따뜻한 분위기를 제공하고, 현대적 쇼핑몰은 편리함과 다기능적인 서비스를 제공한다."

Chợ truyền thống và trung tâm mua sắm hiện đại đều là nơi mua bán hàng hóa. Chợ truyền thống thường được tổ chức ngoài trời và bán thực phẩm tươi sống cùng đặc sản địa phương, trong khi trung tâm mua sắm hiện đại nằm trong nhà và cung cấp nhiều loại hàng hóa như quần áo, thiết bị điện tử cùng các dịch vụ giải trí. Chợ truyền thống mang đến không khí ấm cúng, gắn kết với cộng đồng địa phương, còn trung tâm mua sắm hiện đại mang lại sự tiện lợi và các dịch vụ đa chức năng.

 정리 (Tóm tắt)

비교 설명하기는 두 가지 이상의 대상(사물 또는 현상)을 정의하고, 공통점과 차이점을 분석하여 설명하는 글이다. 다음과 같은 순서로 작성할 수 있다.

So sánh và giải thích là một bài viết nhằm định nghĩa hai hoặc nhiều đối tượng (vật thể hoặc hiện tượng) và phân tích điểm giống và khác nhau của chúng. Có thể thực hiện theo các bước sau

• 비교 대상 정의하기 Định nghĩa đối tượng so sánh
• 공통점 나열하기 Liệt kê điểm giống nhau
• 차이점 분석하기 Phân tích điểm khác nhau
• 결론 및 평가 Kết luận và đánh giá

설명문을 잘 쓰는 능력은 연습을 통해 향상된다. 설명문을 쓰는 데 중요한 것은 주어진 주제에 대해 정확하고 명확하게 설명할 수 있는 능력이다. 이 부분에서는 다양한 주제에 대해 설명문을 작성하는 연습을 하며 글쓰기 능력을 키울 수 있다. 또 표현 방법을 다양하게 연습하여 더 나은 글쓰기를 할 수 있도록 돕는다.

1 설명문 표현 연습

설명문에서 사용하는 표현은 정보의 정확성과 논리적 흐름을 돕는 데 필수적이다. 이를 도입부, 본론, 결론 단계로 나누어 살펴본다.

① 도입부에서 사용하는 표현
도입부는 글의 첫인상을 결정짓는 부분으로, 주제를 소개하고 관심을 끌어야 한다.

• 주제 소개
"___은/는 현대 사회에서 중요한 주제로 떠오르고 있다."
"오늘날 ___은/는 많은 사람들에게 주목받고 있다."
Giới thiệu chủ đề
"___ đang trở thành một chủ đề quan trọng trong xã hội hiện đại."
"Ngày nay, ___ đang được nhiều người chú ý."

• 배경 설명
"___에 대한 관심은 ___에서 시작되었다."
"___은/는 특히 ___와/과 관련하여 중요성이 강조되고 있다."

Giải thích bối cảnh

"Sự quan tâm đến ___ bắt nguồn từ ___."

"___ đặc biệt quan trọng khi liên quan đến ___."

• 문제의식 강조

"이 글에서는 ___의 원인과 영향을 분석하고자 한다."

"이를 통해 ___에 대해 명확히 이해할 수 있을 것이다."

Nhấn mạnh nhận thức về vấn đề

"Bài viết này nhằm phân tích nguyên nhân và tác động của ___."

"Thông qua đó, có thể hiểu rõ về ___."

② 본론에서 사용하는 표현

본론은 설명문에서 가장 핵심적인 부분으로 주제와 관련된 내용을 상세히 서술해야 한다.

• 원인과 결과를 설명하는 표현

원인 제시

"이 현상의 가장 큰 원인은 ___이다."

"___의 주된 원인으로는 ___을/를 들 수 있다."

"___은/는 ___에서 기인한다."

Đưa ra nguyên nhân

"Nguyên nhân chính của hiện tượng này là ___."

"Nguyên nhân chủ yếu của ___ có thể là ___."

"___ bắt nguồn từ ___."

결과 설명

"그 결과, ___이/가 나타났다."

"이는 ___에 큰 영향을 미쳤다."

"따라서, ___와/과 같은 상황이 발생하였다."

Giải thích kết quả

"Kết quả là ___ đã xảy ra."

"Điều này đã ảnh hưởng lớn đến ___."

"Do đó, tình huống như ___ đã xảy ra."

• 비교와 대조 표현

비교 표현

"___와/과 유사하게, ___도 ___이다."

"___처럼 ___도 중요한 역할을 한다."

Biểu hiện so sánh

"Giống như ___, ___ cũng là ___."

"Như ___, ___ cũng đóng vai trò quan trọng."

대조 표현

"반면, ___은/는 ___와/과 다르게 ___하다."

"___와/과 달리, ___은/는 ___이다."

Biểu hiện đối chiếu

"Ngược lại, ___ khác với ___ ở điểm ___."

"Khác với ___, ___ là ___."

• 예시와 구체적인 사례 제시

일반적인 예시

"예를 들어, ___은/는 ___의 대표적인 사례이다."

"즉, ___와/과 같은 예를 들 수 있다."

Ví dụ chung

"Ví dụ, ___ là một trường hợp điển hình của ___."

"Tức là, có thể lấy ví dụ như ___."

구체적인 설명

"한 연구에 따르면, ___은/는 ___의 중요한 원인으로 작용하였다."

"___의 경우, 이러한 변화가 더 분명하게 드러난다."

Giải thích cụ thể

"Theo một nghiên cứu, ___ là nguyên nhân quan trọng của ___."

"Trong trường hợp của ___, sự thay đổi này thể hiện rõ hơn."

③ 결론에서 사용하는 표현

결론에서는 글의 핵심 내용을 요약하고 독자에게 전달할 메시지를 강조한다.

• 요약 표현

"결론적으로, ___은/는 ___이다."

"앞서 살펴본 바와 같이, ___은/는 ___에 중요한 역할을 한다."

Biểu hiện tóm tắt

"Tóm lại, ___ là ___."

"Như đã trình bày trước đó, ___ đóng vai trò quan trọng trong ___."

• 미래 전망

"이를 해결하기 위해, ___이/가 필요하다."

"앞으로 ___에 대한 지속적인 관심과 노력이 요구된다."

Dự báo tương lai

"Để giải quyết điều này, cần phải có ___."

"Trong tương lai, cần tiếp tục quan tâm và nỗ lực vào ___."

② 설명문 작성 연습

> **연습문제 1** 자전거에 대해 설명문 작성하기

정의:

자전거는 사람이 페달을 밟아 바퀴를 움직여 이동하는 교통수단이다.

Xe đạp là phương tiện giao thông hoạt động bằng cách đạp bàn đạp để làm quay bánh xe.

특징:

자전거는 두 개의 바퀴, 핸들, 그리고 사람이 앉는 안장이 있다.

경량 소재로 제작되어 쉽게 휴대하거나 보관할 수 있다.

Xe đạp có hai bánh, tay lái và yên ngồi. Được làm từ vật liệu nhẹ, dễ dàng mang theo hoặc cất giữ.

용도:

자전거는 가까운 거리를 이동하거나, 운동 목적으로 사용된다.

환경 친화적인 이동 수단으로, 대중교통을 대신할 수 있다.

Xe đạp thường được sử dụng để di chuyển khoảng cách ngắn hoặc tập thể dục. Là phương tiện di chuyển thân thiện với môi trường, có thể thay thế giao thông công cộng.

예시:

많은 사람들이 자전거를 타고 공원에서 운동을 하거나, 집 근처 슈퍼마켓에 간다.

Ví dụ, nhiều người sử dụng xe đạp để tập thể dục ở công viên hoặc đi siêu thị gần nhà.

정의:

가방은 물건을 담아 이동할 때 사용하는 도구이다.

Túi xách là dụng cụ dùng để đựng và mang theo các đồ vật khi di chuyển.

특징:

다양한 크기와 모양으로 제작되며, 손잡이나 어깨끈이 있다.

재질은 천, 가죽, 플라스틱 등 여러 종류가 있다.

Túi xách có nhiều kích thước và hình dạng khác nhau, cùng với quai xách hoặc dây đeo vai. Chất liệu có thể là vải, da hoặc nhựa.

용도:

가방은 책, 옷, 물병 등을 담아 이동하거나 보관할 때 사용된다.

일상생활, 여행, 학교 등 다양한 상황에서 활용된다.

Túi xách được sử dụng để đựng sách, quần áo hoặc chai nước khi di chuyển hoặc cất giữ. Nó được sử dụng trong cuộc sống hàng ngày, du lịch hoặc ở trường.

예시:

학생들은 가방에 교과서와 공책을 넣어 학교에 간다.

Ví dụ, học sinh sử dụng túi xách để đựng sách vở và đồ dùng học tập đến trường.

정의:

스마트폰은 전화 통화, 문자 메시지, 인터넷 사용 등 다양한 기능을 가진 휴대용 전자 기기이다.

Điện thoại thông minh là thiết bị điện tử di động có nhiều chức năng như gọi điện, nhắn tin và sử dụng internet.

특징:

터치 스크린과 큰 화면이 있으며, 인터넷 연결과 앱 사용이 가능하다.

고화질 카메라가 내장되어 사진과 동영상 촬영이 가능하다.

Có màn hình cảm ứng lớn, kết nối internet và khả năng sử dụng ứng dụng. Tích hợp camera chất lượng cao để chụp ảnh và quay video.

용도:

스마트폰은 통화, 메시지, 사진 촬영, 음악 감상, 온라인 쇼핑 등에 사용된다.

업무, 학습, 오락 등 다양한 목적으로 활용된다.

Điện thoại thông minh được sử dụng để gọi điện, nhắn tin, chụp ảnh, nghe nhạc và mua sắm trực tuyến. Nó được sử dụng cho công việc, học tập và giải trí.

예시:

스마트폰으로 가족과 영상 통화를 하거나, 친구들과 채팅을 할 수 있다.

Ví dụ, bạn có thể gọi video cho gia đình hoặc trò chuyện với bạn bè qua điện thoại thông minh.

연습문제 4 지구 온난화에 대해 설명문 작성하기

정의:

지구 온난화는 지구의 평균 기온이 상승하는 현상을 말한다.

Biến đổi khí hậu là hiện tượng nhiệt độ trung bình của trái đất tăng lên.

원인:

산업화 이후 화석 연료 사용이 증가하면서 대기 중 온실가스가 축적된다.

산림 파괴로 인해 대기 중 이산화탄소를 흡수하는 능력이 감소한다.

Công nghiệp hóa dẫn đến việc sử dụng nhiên liệu hóa thạch tăng, tích tụ khí nhà kính trong không khí. Phá rừng làm giảm khả năng hấp thụ CO2 của khí quyển.

결과:

북극의 빙하가 녹아 해수면이 상승한다.

극단적인 기상 현상, 예를 들어 폭염과 홍수가 빈번해진다.

Băng ở Bắc Cực tan chảy, làm mực nước biển dâng cao. Các hiện tượng thời tiết cực đoan như nắng nóng và lũ lụt xảy ra thường xuyên hơn.

예시:

몰디브와 같은 섬나라는 해수면 상승으로 인해 일부 지역이 침수되고 있다.

Ví dụ, quốc đảo Maldives đang đối mặt với tình trạng một số khu vực bị ngập lụt do mực nước biển dâng cao.

교통 체증에 대해 설명문 작성하기

정의:

교통 체증은 차량이 많아 도로가 막히는 현상을 말한다.

Tắc nghẽn giao thông là hiện tượng đường phố bị tắc nghẽn do số lượng xe cộ quá đông.

원인:

대도시 인구 증가로 차량 수가 급격히 늘어났다.

대중교통 인프라가 부족해 사람들이 자가용을 더 많이 이용한다.

Số lượng xe cộ tăng nhanh do dân số đô thị gia tăng. Thiếu cơ sở hạ tầng giao thông công cộng làm nhiều người sử dụng xe cá nhân hơn.

결과:

출퇴근 시간 동안 심각한 교통 정체가 발생한다.

공기 오염과 에너지 소비가 증가하여 환경 문제가 악화된다.

Giao thông ùn tắc nghiêm trọng vào giờ cao điểm. Ô nhiễm không khí và tiêu thụ năng lượng gia tăng, làm trầm trọng thêm các vấn đề môi trường.

예시:

서울은 교통 체증 문제를 해결하기 위해 대중교통 전용차선을 늘리고 있다.

Ví dụ, Seoul đang mở rộng làn đường dành riêng cho giao thông công cộng để giải quyết vấn đề tắc nghẽn.

환경 오염에 대해 설명문 작성하기

정의:

환경 오염은 인간 활동으로 인해 공기, 물, 토양 등이 오염되는 현상을 말한다.

Ô nhiễm môi trường là hiện tượng không khí, nước và đất bị ô nhiễm do hoạt động của con người.

원인:

공장에서 배출되는 유독 가스와 폐수가 주요 원인이다.

과도한 일회용품 사용과 분리배출 부족이 문제를 악화시킨다.

Khí độc và nước thải từ các nhà máy là nguyên nhân chính. Việc sử dụng quá mức đồ dùng một lần và thiếu phân loại rác làm vấn đề trầm trọng hơn.

결과:

수질 오염으로 인해 해양 생태계가 파괴된다.

대기 오염이 사람들에게 호흡기 질환을 유발한다.

Ô nhiễm nước gây phá hủy hệ sinh thái biển. Ô nhiễm không khí gây ra các bệnh về đường hô hấp cho con người.

예시:

스웨덴은 재활용 시스템을 강화해 쓰레기를 효과적으로 관리하고 있다.

Ví dụ, Thụy Điển đã tăng cường hệ thống tái chế để quản lý rác thải một cách hiệu quả.

V

주장을 위한 글쓰기
Loại bài viết lập luận

V 주장을 위한 글쓰기
Loại bài viết lập luận

01 논증의 기본 원리 (Nguyên tắc cơ bản của lập luận)

논증은 자신의 주장을 논리적으로 뒷받침하는 과정이다. 독자를 설득하기 위해서는 명확한 주장과 타당한 근거, 그리고 이를 뒷받침하는 논리가 필요하다. 논증의 기본 원리는 주장과 근거의 관계를 이해하고 이를 효과적으로 전달하는 데 있다.

주장하는 글의 특징	
특성	설명
명확성	주장이 분명하고 구체적으로 제시되어 독자가 글의 핵심을 쉽게 파악할 수 있다.
타당성	주장에 대한 근거가 합리적이고 신뢰할 수 있으며 사실에 기반한다.
논리성	주장과 근거가 논리적으로 연결되어 있으며, 일관된 흐름을 유지한다.
수용성	독자의 입장에서 이해하고 공감할 수 있는 근거와 예시를 활용하여 설득력을 높인다.
객관성	편향되지 않은 시각에서 다양한 관점을 고려하여 독자에게 공정한 판단을 내리도록 유도한다.

1 **논증 이해하기 (Hiểu về lập luận)**

논증이란 주장, 이유, 근거를 통해 독자를 설득하고 자신의 의견을 논리적으로 전달하는 과정이다. 단순히 의견을 나열하는 것이 아니라 명확한 논리와 근거를 통해 독자의 신뢰를 얻고 설득력을 높이는 데 목적이 있다.

① **논증의 기본 구조**

논증은 주장(Claim), 이유(Reason), 근거(Evidence)의 세 요소로 이루어진다.

주장(Claim): 글쓴이가 전달하고자 하는 핵심 메시지.
이유(Reason): 주장을 뒷받침하는 논리적 설명.
근거(Evidence): 이유를 증명하는 구체적인 자료나 사례.

② **논증의 확장 구조**

기본 구조에 반론(Objection)과 재반박(Rebuttal)을 추가하여 논증의 설득력을 높일 수 있다.

반론: 반대 의견이나 주장의 약점.
재반박: 반론에 대한 대응으로 주장을 강화.

③ **논증의 확장 예**

① 환경 문제
주장: "재활용은 환경 보호를 위한 필수적인 방법이다."
이유: "재활용은 자원을 절약하고 쓰레기를 줄이는 데 도움이 된다."
근거: "플라스틱 병 하나를 재활용하면 에너지 소비를 50% 이상 절약할 수

있다."

반론: "일부는 재활용보다 쓰레기 감축이 더 효과적이라고 주장한다."

재반박: "그러나 두 가지는 동시에 이루어져야 한다. 재활용 프로그램을 통해 쓰레기 감축 효과가 30% 더 증가한다."

Ví dụ về vấn đề môi trường:

Luận điểm: "Tái chế là phương pháp cần thiết để bảo vệ môi trường."

Lý do: "Tái chế giúp tiết kiệm tài nguyên và giảm rác thải."

Bằng chứng: "Việc tái chế một chai nhựa có thể tiết kiệm hơn 50% năng lượng tiêu thụ."

Phản biện: "Một số người cho rằng giảm rác thải quan trọng hơn tái chế."

Phản bác: "Tuy nhiên, hai điều này cần được thực hiện đồng thời. Các chương trình tái chế giúp tăng hiệu quả giảm rác thải hơn 30%."

② 교육 문제

주장: "공정한 교육은 모든 사람의 기본 권리이다."

이유: "평등한 기회는 사회적 불평등을 줄이는 데 중요하다."

근거: "OECD에 따르면, 공정한 교육 제도는 경제 성장을 10% 이상 촉진한다."

반론: "공정한 교육은 이상적이지만, 모든 학생에게 동일한 자원을 제공하기는 어렵다."

재반박: "물리적 자원은 한정되었을 수 있지만, 온라인 플랫폼은 모든 학생에게 동등한 학습 기회를 제공할 수 있다."

Giáo dục

Luận điểm: "Giáo dục công bằng là quyền cơ bản của tất cả mọi người."

Lý do: "Cơ hội bình đẳng rất quan trọng để giảm bất bình đẳng xã hội."

Bằng chứng: "Theo OECD, hệ thống giáo dục công bằng thúc đẩy tăng trưởng kinh tế hơn 10%."

Phản biện: "Giáo dục công bằng là lý tưởng, nhưng khó có thể cung cấp cùng một nguồn lực cho tất cả học sinh."

Phản bác: "Nguồn lực vật chất có thể bị hạn chế, nhưng các nền tảng trực tuyến có thể mang lại cơ hội học tập đồng đều cho tất cả học sinh."

정리 (Tóm tắt)

논증은 주장, 이유, 근거를 통해 독자를 설득하고 자신의 의견을 논리적으로 전달하는 과정이다.

Lập luận là quá trình thuyết phục người đọc và truyền đạt ý kiến của mình một cách logic thông qua lập trường, lý do và bằng chứng.

• 논증의 기본 구조 (Cấu trúc cơ bản của lập luận)

주장(Claim): 전달하고자 하는 핵심 메시지.
Lập trường: Thông điệp chính muốn truyền đạt.
이유(Reason): 주장을 뒷받침하는 논리적 설명.
Lý do: Lời giải thích logic hỗ trợ lập trường.
근거(Evidence): 이유를 증명하는 자료나 사례.
Bằng chứng: Tài liệu hoặc ví dụ chứng minh lý do.

• 논증의 확장 구조 (Cấu trúc mở rộng của lập luận)

반론(Objection): 반대 의견이나 주장의 약점.
Phản đối: Ý kiến trái chiều hoặc điểm yếu của lập trường.
재반박(Rebuttal): 반론에 대한 대응으로 주장을 강화.
Phản biện: Đáp lại ý kiến phản đối để củng cố lập trường.

② 주장, 이유, 근거

주장(Claim)은 글쓴이가 전달하고자 하는 중심 메시지이다. 이는 글의 방향을 결정짓는 핵심 요소로, 독자에게 글쓴이의 관점을 명확히 전달한다.

이유(Reason)는 주장을 뒷받침하며, 왜 그 주장이 타당한지를 설명한다.

근거(Evidence)는 이유를 구체적으로 증명하기 위한 자료, 사실, 통계, 사례 등을 포함한다.

① 주장, 이유, 근거의 구조

① 주장(Claim)
주장은 단순하고 명확해야 한다.

"기후 변화는 전 세계적인 문제이다."
Biến đổi khí hậu là một vấn đề toàn cầu.

② 이유(Reason)
이유는 왜 주장이 타당한지 설명한다.

"기후 변화는 극단적인 날씨와 자연재해를 증가시키고 있다."
Biến đổi khí hậu làm gia tăng hiện tượng thời tiết cực đoan và thiên tai.

③ 근거(Evidence)
근거는 주장을 강화하는 구체적인 증거나 데이터를 제시한다.

"최근 10년 동안, 태풍 발생 빈도와 강도가 30% 이상 증가했다."
Trong 10 năm qua, tần suất và cường độ bão đã tăng hơn 30%.

② 주장, 이유, 근거의 예

① 환경 문제
주장: "대중교통 사용은 온실가스 배출을 줄이는 데 효과적이다."
이유: "대중교통은 개인 차량보다 더 적은 에너지를 소비한다."
근거: "한 연구에 따르면, 버스 한 대는 승용차 20대의 에너지 소비량을 대체할 수 있다."

② 교육 문제
주장: "공정한 교육 기회는 모든 사람의 성공 가능성을 높인다."
이유: "모든 학생이 평등한 출발선을 가져야 한다."
근거: "OECD 자료에 따르면, 공정한 교육 시스템은 경제 성장을 10% 이상 촉진한다."

③ 건강 문제
주장: "규칙적인 운동은 건강을 유지하는 데 필수적이다."
이유: "운동은 심혈관 건강을 개선하고 면역력을 높인다."
근거: "WHO에 따르면, 규칙적으로 운동하는 사람은 심장 질환 발생 확률이 25% 낮다."

③ 주장, 이유, 근거 연결하기

주장, 이유, 근거는 각각 독립적으로 존재하지 않는다. 논리적 흐름을 유지하며 연결해야 독자가 글쓴이의 논리에 설득될 수 있다.

"기후 변화는 전 세계적인 문제이다. 이는 극단적인 날씨와 자연재해를 증가시키고 있다. 최근 10년 동안 태풍 발생 빈도와 강도가 30% 이상 증가했다."
Biến đổi khí hậu là một vấn đề toàn cầu. Nó làm gia tăng hiện

tượng thời tiết cực đoan và thiên tai. Trong 10 năm qua, tần suất và cường độ bão đã tăng hơn 30%.

정리 (Tóm tắt)

주장: 단순하고 명확해야 함.
Lập trường: Đơn giản và rõ ràng.
이유: 주장의 타당성을 설명해야 함.
Lý do: Giải thích tính hợp lý của lập trường.
근거: 데이터를 통해 주장을 구체적으로 증명해야 함.
Bằng chứng: Chứng minh lập trường bằng dữ liệu cụ thể.
주장, 이유, 근거는 논리적으로 연결되어야 설득력이 높아짐.
Lập trường, lý do và bằng chứng cần được kết nối logic để tăng tính thuyết phục.

---

③ 반론과 재반박

반론(Objection)은 글쓴이의 주장에 반대되는 의견이나 관점을 의미한다. 반론은 독자가 글의 설득력을 판단하는 데 중요한 요소로 작용한다.

재반박(Rebuttal)은 반론에 대응하며, 글쓴이의 주장을 강화하는 과정이다. 효과적인 재반박은 반론의 약점을 지적하거나 추가적인 근거를 제시하여 글의 설득력을 높인다.

① 반론과 재반박의 구조

① 반론 제시하기
상대의 반론을 명확히 인식하고 공정하게 제시해야 한다.

"일부 사람들은 재활용보다 쓰레기 감축이 더 중요하다고 주장할 수 있다."
Một số người có thể cho rằng giảm rác thải quan trọng hơn tái chế.

② 반론의 약점 지적하기
반론의 논리적 결함이나 한계를 설명해야 한다.

"하지만 쓰레기 감축은 재활용과 동시에 이루어져야 더 큰 효과를 낼 수 있다."
Tuy nhiên, giảm rác thải chỉ đạt hiệu quả cao khi được thực hiện cùng với tái chế.

③ 추가 근거 제시하기
반론을 반박하기 위해 추가적인 데이터나 사례를 제공한다.

"연구에 따르면, 재활용 프로그램을 병행할 때 쓰레기 감축이 30% 더 효과적이다."
Theo nghiên cứu, giảm rác thải hiệu quả hơn 30% khi đi kèm với các chương trình tái chế.

2) **반론과 재반박의 예**

① 환경 문제
반론: "일부는 재활용이 비용이 많이 들고 효과적이지 않다고 주장한다."
Một số người cho rằng tái chế tốn kém và không hiệu quả.
재반박: "그러나 재활용은 초기 비용이 들더라도 장기적으로 자원 절약과 환경 보호에 기여한다. 또한 기술 발전으로 재활용 비용은 계속 감소하고 있다."
Tuy nhiên, tái chế dù tốn chi phí ban đầu, nhưng về lâu dài sẽ giúp tiết kiệm tài nguyên và bảo vệ môi trường. Hơn nữa, với sự phát triển công nghệ, chi phí tái chế đang giảm dần.

② 교육 문제
반론: "공정한 교육 기회는 이상적이지만 현실적으로 모든 학생에게 동일한

자원을 제공하는 것은 어렵다."

Cơ hội giáo dục công bằng là lý tưởng, nhưng thực tế khó có thể cung cấp cùng một nguồn lực cho tất cả học sinh.

재반박: "물리적 자원은 한정될 수 있지만, 교육 제도의 개혁을 통해 기회의 평등을 높일 수 있다. 예를 들어 온라인 교육 플랫폼은 모든 학생에게 동등한 학습 기회를 제공할 수 있다."

Nguồn lực vật chất có thể bị hạn chế, nhưng thông qua cải cách hệ thống giáo dục, cơ hội bình đẳng có thể được nâng cao. Ví dụ, các nền tảng học trực tuyến có thể mang lại cơ hội học tập đồng đều cho tất cả học sinh.

③ 건강 문제

반론: "규칙적인 운동이 건강에 좋다는 것은 사실이지만 바쁜 일상 속에서 운동할 시간을 내기 어렵다."

Tập thể dục đều đặn tốt cho sức khỏe, nhưng khó để dành thời gian cho việc này trong cuộc sống bận rộn.

재반박: "운동은 반드시 긴 시간이 필요하지 않다. 하루 10분의 짧은 운동도 건강을 개선할 수 있다는 연구 결과가 있다."

Tập thể dục không nhất thiết phải tốn nhiều thời gian. Nghiên cứu cho thấy tập thể dục ngắn 10 phút mỗi ngày cũng có thể cải thiện sức khỏe.

정리 (Tóm tắt)

• 반론 제시하기 Nêu ý kiến phản đối
상대의 반론을 공정하고 명확히 제시.
Đưa ra ý kiến phản đối một cách công bằng và rõ ràng.

- 반론의 약점 지적하기 Chỉ ra điểm yếu của phản đối
반론의 논리적 결함이나 한계를 설명.
Giải thích lỗ hổng hoặc hạn chế trong lập luận phản đối.

- 추가 근거 제시하기 Đưa ra bằng chứng bổ sung
반박을 강화하기 위해 추가적인 데이터나 사례를 제시.
Cung cấp dữ liệu hoặc ví dụ bổ sung để củng cố phản biện.

1 논리적 근거 제시하기

논리적 근거는 주장을 뒷받침하는 구체적이고 타당한 이유와 증거를 의미한다. 이를 통해 독자는 글쓴이의 관점을 신뢰할 수 있으며 주장이 설득력을 얻는다. 논리적 근거는 사실, 통계, 사례, 권위 있는 의견 등을 포함한다.

1 논리적 근거 제시의 유형

① 사실에 기반한 근거
사실은 객관적인 데이터를 통해 주장을 강화하는 데 효과적이다.

"세계보건기구(WHO)에 따르면, 흡연은 매년 약 800만 명의 사망 원인이 된다."
Theo Tổ chức Y tế Thế giới (WHO), hút thuốc lá là nguyên nhân gây ra khoảng 8 triệu ca tử vong mỗi năm.

② 통계를 활용한 근거
통계는 수치로 주장을 입증하여 독자의 신뢰를 얻는 데 도움을 준다.

"유엔 보고서에 따르면, 2022년 전 세계 평균 기온은 산업화 이전 대비 1.1℃ 상승했다."
Theo báo cáo của Liên Hợp Quốc, nhiệt độ trung bình toàn cầu năm 2022 đã tăng 1,1℃ so với trước thời kỳ công nghiệp hóa.

③ 사례를 통한 근거
구체적인 사례는 독자의 공감을 이끌어내고 이해를 돕는다.

"스웨덴은 재활용률이 90% 이상으로, 효과적인 자원 관리의 모범 사례로 알려져 있다."

Thụy Điển có tỷ lệ tái chế trên 90% và được biết đến như một ví dụ điển hình về quản lý tài nguyên hiệu quả.

④ 전문가 의견을 활용한 근거
권위 있는 전문가의 의견은 주장을 뒷받침하는 데 신뢰도를 높인다.

"하버드 의과대학의 연구에 따르면, 규칙적인 운동은 심혈관 질환 위험을 25% 감소시킨다."

Theo nghiên cứu của Đại học Y Harvard, tập thể dục đều đặn giúp giảm 25% nguy cơ mắc bệnh tim mạch.

② 논리적 근거 제시의 예

① 환경 문제
• 주장: "대중교통은 온실가스를 줄이는 효과적인 방법이다."
• 근거
사실: "대중교통은 개인 차량보다 에너지 효율성이 4배 높다."
Phương tiện giao thông công cộng hiệu quả năng lượng gấp 4 lần so với xe cá nhân.
통계: "도시 교통 연구에 따르면, 대중교통을 이용하면 이산화탄소 배출량이 50% 감소한다."
Theo nghiên cứu giao thông đô thị, sử dụng phương tiện công cộng giúp giảm 50% lượng khí thải CO2.

② 교육 문제
• 주장: "온라인 교육은 교육 기회의 평등을 확대한다."

• 근거

사례: "코로나19 팬데믹 기간 동안 온라인 수업은 수백만 명의 학생이 학업을 지속할 수 있게 도왔다."

Trong đại dịch Covid-19, các lớp học trực tuyến đã giúp hàng triệu học sinh tiếp tục học tập.

전문가 의견: "세계은행은 온라인 교육이 교육 격차를 줄이는 데 효과적이라고 평가했다."

Ngân hàng Thế giới đánh giá giáo dục trực tuyến có hiệu quả trong việc thu hẹp khoảng cách giáo dục.

③ 건강 문제

• 주장: "규칙적인 운동은 건강을 유지하는 데 필수적이다."
• 근거

통계: "WHO에 따르면, 매주 150분 이상 운동하는 사람은 사망률이 20% 낮다."

Theo WHO, những người tập thể dục trên 150 phút mỗi tuần có tỷ lệ tử vong thấp hơn 20%.

사례: "한 연구에서 30대 직장인이 매일 30분씩 걷기를 실천한 결과, 3개월 후 혈압이 10% 감소했다."

Trong một nghiên cứu, nhân viên văn phòng 30 tuổi thực hiện đi bộ 30 phút mỗi ngày đã giảm 10% huyết áp sau 3 tháng.

③ 논리적 근거를 효과적으로 제시하는 방법

① 구체적인 데이터를 활용하라 Sử dụng dữ liệu cụ thể
추상적인 설명보다 구체적인 수치나 사례를 제시하라.

"기후 변화는 심각한 문제이다." → 추상적

"기후 변화로 인해 지난 20년간 해수면이 평균 10cm 상승했다." → 구체적

② 독자와 관련된 사례를 선택하라 Chọn ví dụ liên quan đến độc giả
독자가 공감할 수 있는 예시를 포함하면 설득력이 높아진다.

"플라스틱 오염은 심각한 환경 문제이다." → 일반적
"한국에서 한 해 평균 50만 톤의 플라스틱 쓰레기가 발생한다. 이는 우리 주변 공원이나 강에서 흔히 볼 수 있는 쓰레기 양이다." → 관련된 사례

③ 다양한 유형의 근거를 활용하라 Sử dụng nhiều loại bằng chứng
사실, 통계, 사례, 전문가 의견을 결합하여 논증을 강화하라.

사실: "대중교통은 개인 차량보다 에너지 소비량이 4배 적다."
Phương tiện công cộng hiệu quả năng lượng gấp 4 lần so với xe cá nhân.
통계: "도시 교통 연구에 따르면 대중교통 이용자는 이산화탄소 배출량을 50% 줄일 수 있다."
Theo nghiên cứu giao thông đô thị, việc sử dụng phương tiện công cộng giúp giảm 50% lượng khí thải CO_2.
전문가 의견: "환경 과학자들은 대중교통 사용이 기후 변화 완화의 핵심이라고 주장한다."
Các nhà khoa học môi trường khẳng định rằng việc sử dụng phương tiện công cộng là chìa khóa để giảm thiểu biến đổi khí hậu.

📃 **정리 (Tóm tắt)**

• 논리적 근거의 유형 Các loại bằng chứng logic
사실: 객관적 데이터를 통해 주장을 강화.

Sự thật: Củng cố lập luận bằng dữ liệu khách quan.

통계: 수치로 주장을 입증.

Thống kê: Chứng minh lập luận bằng số liệu.

사례: 구체적 사례로 공감과 이해를 도움.

Ví dụ: Dùng ví dụ cụ thể để tăng sự đồng cảm và hiểu biết.

전문가 의견: 권위 있는 의견으로 신뢰도를 높임.

Ý kiến chuyên gia: Tăng độ tin cậy với ý kiến từ các chuyên gia có thẩm quyền.

• 논리적 근거 제시 방법 Phương pháp đưa ra bằng chứng logic

구체적인 데이터 활용

Sử dụng dữ liệu cụ thể

독자와 관련된 사례 선택

Chọn ví dụ liên quan đến độc giả

다양한 유형의 근거 활용

Sử dụng nhiều loại bằng chứng

② 데이터와 통계 활용하기

데이터는 특정 주제나 현상을 측정하여 수치나 정보를 통해 나타낸 자료를 의미하며, 통계는 이러한 데이터를 분석하여 결과를 요약하거나 경향을 도출하는 과정을 말한다.

데이터와 통계는 주장의 신뢰도를 높이고 설득력을 강화하는 데 중요한 역할을 한다.

① 데이터와 통계의 중요성

데이터와 통계는 주장이 단순한 의견이 아니라 객관적인 사실에 근거하고 있음을 보여준다. 이는 독자에게 신뢰를 주고, 논리적인 흐름을 강화하는 데 도움을 준다.

객관성 확보: 수치와 분석 결과는 글쓴이의 주장을 객관적인 사실로 뒷받침한다.

독자의 공감: 구체적인 통계는 독자가 현실 문제를 이해하는 데 도움을 준다.

효과적인 설득: 통계적 자료는 숫자로 표현되어 독자에게 강한 인상을 남긴다.

② **데이터와 통계를 활용하는 방법**

① **관련성 있는 데이터 선택하기**
주장과 직접적으로 관련된 데이터를 사용해야 한다.

> 주장: "대중교통은 환경 보호에 효과적이다."
> 데이터: "버스는 승용차보다 이산화탄소 배출량이 4배 적다."
> Luận điểm: "Phương tiện giao thông công cộng hiệu quả trong việc
> bảo vệ môi trường."
> Dữ liệu: "Xe buýt thải ra lượng khí CO2 ít hơn 4 lần so với xe cá nhân."

② **적절한 통계 활용하기**
구체적인 수치를 통해 주장의 타당성을 입증한다.

> 주장: "흡연은 건강에 치명적이다."
> 통계: "WHO에 따르면 흡연은 매년 약 800만 명의 사망 원인이다."
> Luận điểm: "Hút thuốc lá gây hại nghiêm trọng cho sức khỏe."
> Thống kê: "Theo WHO, hút thuốc lá là nguyên nhân gây ra khoảng
> 8 triệu ca tử vong mỗi năm."

③ **그래프나 표로 데이터 시각화하기**
복잡한 데이터를 그래프나 표로 표현하면 독자가 더 쉽게 이해할 수 있다.

"이 그래프는 대중교통 사용이 늘어날수록 이산화탄소 배출량이 감소한다는 것을 보여준다."

"Biểu đồ này cho thấy khi việc sử dụng phương tiện giao thông công cộng tăng, lượng khí thải CO2 giảm."

④ 데이터 해석을 통해 결론 도출하기

단순히 데이터를 제시하는 것만으로는 충분하지 않다. 데이터가 주장과 어떻게 연결되는지 해석을 제공해야 한다.

"위 통계는 재활용 프로그램이 쓰레기 문제 해결에 중요한 역할을 한다는 것을 보여준다."

"Thống kê trên cho thấy các chương trình tái chế đóng vai trò quan trọng trong việc giải quyết vấn đề rác thải."

③ 데이터와 통계의 예

① 환경 문제

주장: "기후 변화는 인류가 당면한 가장 시급한 문제이다."

데이터: "2022년 유엔 보고서에 따르면, 평균 해수면이 매년 3.7mm 상승하고 있다."

해석: "이 데이터는 기후 변화로 인해 해수면 상승이 가속화되고 있음을 보여준다."

Luận điểm: "Biến đổi khí hậu là vấn đề cấp bách nhất mà nhân loại đang đối mặt."

Dữ liệu: "Theo báo cáo của Liên Hợp Quốc năm 2022, mực nước biển trung bình tăng 3,7mm mỗi năm."

Phân tích: "Số liệu này cho thấy mực nước biển đang tăng nhanh do biến đổi khí hậu."

② 건강 문제

주장: "운동은 건강을 유지하는 데 필수적이다."

데이터: "하버드 연구에 따르면, 하루 30분의 걷기는 심장병 발병 위험을 40% 줄인다."

해석: "이 통계는 짧은 시간의 규칙적인 운동도 건강에 큰 영향을 미친다는 것을 증명한다."

Luận điểm: "Tập thể dục cần thiết để duy trì sức khỏe."

Dữ liệu: "Theo nghiên cứu của Harvard, đi bộ 30 phút mỗi ngày giúp giảm 40% nguy cơ mắc bệnh tim mạch."

Phân tích: "Thống kê này chứng minh rằng ngay cả việc tập thể dục ngắn cũng có tác động lớn đến sức khỏe."

③ 사회 문제

주장: "교육 평등은 경제 성장을 촉진한다."

데이터: "OECD 보고서에 따르면 공정한 교육 시스템은 경제 성장을 20% 가속화한다."

해석: "이 데이터는 교육 평등이 단순히 윤리적 의무가 아니라 경제적 혜택을 제공한다는 것을 보여준다."

Luận điểm: "Bình đẳng giáo dục thúc đẩy tăng trưởng kinh tế."

Dữ liệu: "Theo báo cáo của OECD, hệ thống giáo dục công bằng thúc đẩy tăng trưởng kinh tế lên 20%."

Phân tích: "Số liệu này cho thấy bình đẳng giáo dục không chỉ là nghĩa vụ đạo đức mà còn mang lại lợi ích kinh tế."

④ 데이터와 통계를 활용할 때 주의할 점

① 신뢰할 수 있는 출처를 사용하라

데이터의 출처가 공신력 있는 기관이나 권위 있는 연구여야 한다.

예: "WHO 자료에 따르면…" → 신뢰 가능

Theo số liệu từ WHO… → Đáng tin cậy

비추천: "SNS에서 본 정보에 따르면…" → 신뢰 부족

Theo thông tin từ mạng xã hội… → Thiếu tin cậy

② 데이터를 과장하지 마라

데이터를 왜곡하거나 과장하면 독자의 신뢰를 잃을 수 있다.

예: "재활용률이 20% 증가했다." → 객관적

Tỷ lệ tái chế tăng 20% → Khách quan

비추천: "재활용이 모든 환경 문제를 해결한다." → 과장

Tái chế sẽ giải quyết mọi vấn đề môi trường → Phóng đại

③ 데이터와 주장의 연결성을 명확히 하라

제시한 데이터가 주장을 구체적으로 뒷받침할 수 있도록 해석과 설명을 추가해야 한다.

예:

"전 세계의 평균 기온이 산업화 이후 1.1°C 상승했다. 이는 온실가스 배출 증가가 기후 변화의 주된 원인임을 보여준다."

Nhiệt độ trung bình toàn cầu đã tăng 1,1°C kể từ thời kỳ công nghiệp hóa. Điều này cho thấy khí thải nhà kính là nguyên nhân chính gây ra biến đổi khí hậu.

비추천:

"기온이 상승했다." → 주장을 뒷받침하지 못함

Nhiệt độ tăng → Không hỗ trợ lập luận rõ ràng

③ 사례와 증거 활용하기

사례는 특정 상황이나 사건을 설명하여 주장의 타당성을 보여주는 구체적인 예이다.

증거는 주장을 뒷받침하는 사실, 연구 결과, 통계, 전문가 의견 등을 포함한다. 사례와 증거는 독자가 주장을 쉽게 이해하고 공감할 수 있도록 돕는다.

① 사례와 증거 활용의 중요성

주장의 설득력 강화: 구체적인 사례는 주장이 실제 상황에서 어떻게 적용되는지 보여준다.

독자의 공감 유도: 독자가 직면했거나 알고 있는 상황을 다룸으로써 글에 대한 관심을 높인다.

객관성 확보: 증거는 주장을 단순한 의견이 아니라 검증된 사실로 뒷받침한다.

② 사례와 증거 활용 방법

① 구체적인 사례 제시하기

사례는 독자의 공감을 이끌어내는 강력한 도구이다.

"스웨덴은 쓰레기의 99%를 재활용하거나 에너지로 변환하여 폐기물을 효과적으로 관리하는 국가로 평가받고 있다."

Thụy Điển được đánh giá là quốc gia quản lý chất thải hiệu quả, với 99% rác thải được tái chế hoặc chuyển đổi thành năng lượng.

② 연구 결과 활용하기

연구 결과는 논증의 객관성을 높인다.

"하버드 의과대학의 연구에 따르면, 하루 30분의 걷기는 심장병 발생 위험을 30% 감소시킨다."

Theo nghiên cứu của Đại học Y Harvard, đi bộ 30 phút mỗi ngày giảm 30% nguy cơ mắc bệnh tim.

③ 사례와 증거의 조합

사례와 증거를 결합하면 주장을 더욱 강력하게 만들 수 있다.

"한 연구에서 온라인 교육을 활용한 학교가 전통적인 교육 방식보다 학생들의 성적이 20% 향상된 사례가 있다."

Một nghiên cứu cho thấy các trường áp dụng giáo dục trực tuyến cải thiện thành tích học tập của học sinh hơn 20% so với phương pháp truyền thống.

③ 사례와 증거의 예

① 환경 문제
주장: "재활용은 환경 보호를 위한 필수적인 방법이다."

사례: "스웨덴은 재활용률이 99% 이상으로, 폐기물 관리의 모범 사례이다."

증거: "UN 보고서에 따르면, 재활용은 전 세계 온실가스 배출량을 15% 줄이는 데 기여한다."

Ví dụ về vấn đề môi trường:

Luận điểm: "Tái chế là phương pháp cần thiết để bảo vệ môi trường."

Ví dụ: "Thụy Điển có tỷ lệ tái chế trên 99%, được coi là mô hình tiêu biểu về quản lý chất thải."

Bằng chứng: "Theo báo cáo của UN, tái chế góp phần giảm 15% lượng khí thải nhà kính trên toàn cầu."

② 교육 문제
주장: "온라인 교육은 학습 기회를 확대한다."

사례: "코로나19 팬데믹 동안, 수백만 명의 학생이 온라인 수업을 통해 학업을 지속했다."

증거: "세계은행은 온라인 교육이 교육 격차를 줄이는 데 효과적이라고 평가했다."

Ví dụ về vấn đề giáo dục:

Luận điểm: "Giáo dục trực tuyến mở rộng cơ hội học tập."

Ví dụ: "Trong đại dịch Covid-19, hàng triệu học sinh tiếp tục học tập nhờ các lớp học trực tuyến."

Bằng chứng: "Ngân hàng Thế giới đánh giá giáo dục trực tuyến hiệu quả trong việc thu hẹp khoảng cách giáo dục."

③ 건강 문제

주장: "규칙적인 운동은 건강을 유지하는 데 필수적이다."

사례: "한 50대 남성이 매일 1시간씩 걷기를 실천한 결과, 혈압과 콜레스테롤 수치가 크게 감소했다."

증거: "WHO에 따르면, 규칙적인 운동은 전 세계 사망률을 20% 줄일 수 있다."

Ví dụ về vấn đề sức khỏe:

Luận điểm: "Tập thể dục đều đặn cần thiết để duy trì sức khỏe."

Ví dụ: "Một người đàn ông 50 tuổi đã giảm đáng kể huyết áp và cholesterol nhờ đi bộ 1 giờ mỗi ngày."

Bằng chứng: "Theo WHO, tập thể dục đều đặn có thể giảm 20% tỷ lệ tử vong trên toàn cầu."

④ 사례와 증거 활용 시 주의점

① 관련성을 확보하라

주장과 직접적으로 관련된 사례와 증거를 선택해야 한다.

"교육 평등은 중요하다." → 일반적

"Giáo dục bình đẳng là quan trọng."

"OECD 보고서에 따르면, 공정한 교육 시스템은 경제 성장을 20% 촉진한다." → 관련된 증거

"Theo báo cáo của OECD, hệ thống giáo dục công bằng thúc đẩy tăng trưởng kinh tế lên 20%."

② 과장하지 마라

증거를 왜곡하거나 과장하면 신뢰를 잃게 된다.

"규칙적인 운동은 건강에 좋다." → 일반적

"Tập thể dục đều đặn rất tốt cho sức khỏe."

"WHO에 따르면, 매주 150분 이상 운동하는 사람은 사망률이 20% 낮다."

→ 객관적

"Theo WHO, những người tập thể dục trên 150 phút mỗi tuần có tỷ lệ tử vong thấp hơn 20%."

③ 출처를 명확히 하라

신뢰할 수 있는 출처를 명시하여 자료의 신뢰성을 확보한다.

"흡연은 건강에 해롭다." → 추상적

"Hút thuốc lá có hại cho sức khỏe."

"세계보건기구(WHO)에 따르면 흡연은 매년 약 800만 명의 사망 원인이 된다." → 출처 명확

"Theo Tổ chức Y tế Thế giới (WHO), hút thuốc lá là nguyên nhân gây ra khoảng 8 triệu ca tử vong mỗi năm."

 정리 (Tóm tắt)

• 사례와 증거 활용하기 Sử dụng ví dụ và bằng chứng

구체적인 사례 제시하기

Đưa ra ví dụ cụ thể

연구 결과 활용하기

Sử dụng kết quả nghiên cứu

사례와 증거 결합하기

Kết hợp ví dụ và bằng chứng

• 사례와 증거 활용 시 주의할 점 Những lưu ý khi sử dụng ví dụ và bằng chứng

관련성을 확보하라

Đảm bảo tính liên quan

과장하지 마라

Không phóng đại

출처를 명확히 하라

Xác định rõ nguồn gốc

④ 감정적 설득 요소 사용하기

감정적 설득 요소는 독자의 감정을 자극하여 주장을 설득하는 방법이다. 이는 독자의 공감, 연민, 분노, 기쁨 등 다양한 감정을 활용하여 논리적 설득만으로는 전달하기 어려운 메시지를 효과적으로 전달하는 데 사용된다.

① 감정적 설득 요소의 중요성

독자와의 연결 강화: 감정적인 접근은 독자가 글쓴이의 관점에 더 쉽게 공감하도록 돕는다.

메시지 전달력 강화: 복잡한 메시지를 간단하고 강력하게 전달할 수 있다.

행동 촉구 효과: 독자가 특정 행동을 하도록 동기를 부여할 수 있다.

② 감정적 설득 요소 사용 방법

① 스토리텔링 활용하기

개인의 경험이나 구체적인 이야기를 통해 독자의 공감을 이끌어낸다.

"한 어머니는 기후 변화로 인해 가뭄이 심각해지면서 가족이 운영하던 농장을 잃었다. 그녀는 매일 아이들을 먹여 살릴 방법을 고민한다."

Một người mẹ đã mất trang trại gia đình vì hạn hán nghiêm trọng do biến đổi khí hậu. Bà phải trăn trở mỗi ngày để nuôi sống các con mình.

② 이미지와 비유 사용하기
독자의 상상력을 자극할 수 있는 표현을 사용하여 메시지를 전달한다.

"지구가 점점 뜨거워지는 것은 마치 천천히 끓는 물 속에 갇힌 개구리와 같다. 행동하지 않으면 늦는다."
Trái đất ngày càng nóng lên giống như một con ếch bị mắc kẹt trong nồi nước sôi từ từ. Nếu không hành động, sẽ quá muộn.

③ 감정적인 언어 사용하기
독자의 감정을 자극할 수 있는 단어를 선택한다.

"이 문제를 외면한다면, 우리의 아이들은 숨 쉴 공기도 없는 세상에서 살게 될 것이다."
Nếu chúng ta phớt lờ vấn đề này, con cái chúng ta sẽ phải sống trong một thế giới không có không khí để thở.

④ 희망적인 메시지 제시하기
문제를 강조하는 것뿐만 아니라 해결책과 긍정적인 전망을 제시하여 독자를 격려한다.

"우리가 지금 행동한다면 다음 세대는 깨끗한 공기와 푸른 자연 속에서 살아갈 수 있을 것이다."
Nếu chúng ta hành động ngay bây giờ, thế hệ sau sẽ được sống trong bầu không khí trong lành và thiên nhiên xanh tươi.

③ 감정적 설득 요소의 예

① 환경 문제

문제 강조: "매년 약 1천만 헥타르의 숲이 사라지고 있다. 이는 매일 축구장 10,000개가 없어지는 것과 같다."

Hàng năm, khoảng 10 triệu hecta rừng biến mất, tương đương với 10.000 sân bóng đá mỗi ngày.

희망 메시지: "하지만 지금 나무를 심는다면, 10년 후 우리는 사라진 숲의 일부를 되찾을 수 있다."

Nhưng nếu chúng ta trồng cây ngay bây giờ, sau 10 năm chúng ta có thể phục hồi một phần khu rừng đã mất.

② 사회 문제

문제 강조: "한 아이가 매일 빈곤 속에서 살아가며 학교에 가지 못하고 있다. 아이는 교육의 기회를 받을 권리가 있다."

Một đứa trẻ phải sống trong nghèo đói mỗi ngày và không được đến trường. Đứa trẻ có quyền được học hành.

희망 메시지: "우리가 작은 도움을 제공한다면, 이 아이와 같은 수백만 명의 아이들이 학교에 다닐 수 있을 것이다."

Nếu chúng ta cung cấp sự giúp đỡ nhỏ, hàng triệu trẻ em như đứa trẻ này sẽ có thể đến trường.

③ 건강 문제

문제 강조: "매년 약 800만 명이 흡연으로 사망한다. 그중 많은 이들이 가족과 사랑하는 사람들의 곁을 너무 일찍 떠난다."

Hàng năm, khoảng 8 triệu người chết vì hút thuốc lá, nhiều người trong số đó rời xa gia đình và người thân quá sớm.

희망 메시지: "오늘 담배를 끊는다면, 당신은 가족과 더 오래 함께할 기회를

얻을 것이다."

Nếu bạn bỏ thuốc lá hôm nay, bạn sẽ có cơ hội ở bên gia đình lâu hơn.

④ 감정적 설득 요소 사용 시 주의점

① 과도한 감정 사용을 자제하라
감정에만 의존하면 글의 신뢰도가 떨어질 수 있다.

> 예: "이 문제는 너무 끔찍하다!" → 감정에 의존
> Vấn đề này thật kinh khủng! → Dựa quá nhiều vào cảm xúc
> 개선: "이 문제는 구체적 통계와 사례로도 심각성을 확인할 수 있다."
> Vấn đề này có thể thấy rõ tính nghiêm trọng qua số liệu và ví dụ cụ thể.

② 논리적 근거와 결합하라
감정적 요소는 논리적 설득과 함께 사용해야 한다.

> 예: "이 상황은 너무 슬프다." → 감정적 표현만 있음
> Tình huống này quá đau lòng. → Chỉ có biểu hiện cảm xúc
> 개선: "이 상황은 수백만 명이 영향을 받았다는 통계와 함께 매우 슬픈 현실이다."
> Tình huống này là thực tế đau lòng được minh chứng bởi số liệu hàng triệu người bị ảnh hưởng.

③ 독자에 맞춘 접근을 하라
독자의 가치관과 경험에 맞는 감정적 접근을 선택해야 한다.

> 예: "당신은 이 문제를 심각하게 느껴야 합니다!" → 독자 강요
> Bạn cần cảm thấy vấn đề này nghiêm trọng! → Cưỡng ép độc giả

개선: "많은 사람들이 이 문제로 고통받고 있습니다. 함께 해결책을 고민해 보세요."

Rất nhiều người đang chịu đau khổ vì vấn đề này. Hãy cùng suy nghĩ về giải pháp.

📜 정리 (Tóm tắt)

• 감정적 설득 요소 사용 방법 Cách sử dụng yếu tố thuyết phục cảm xúc
스토리텔링 활용하기
Sử dụng kể chuyện
이미지와 비유 사용하기
Dùng hình ảnh và ẩn dụ
감정적인 언어 사용하기
Sử dụng ngôn ngữ cảm xúc
희망적인 메시지 제시하기
Đưa ra thông điệp hy vọng

• 감정적 설득 요소 사용 시 주의점 Những lưu ý khi sử dụng yếu tố thuyết phục cảm xúc
과도한 감정 사용 자제
Hạn chế sử dụng cảm xúc quá mức
논리적 근거와 결합
Kết hợp với lập luận logic
독자에 맞춘 접근
Tiếp cận phù hợp với độc giả

---

⑤ 대안과 해결책 제시하기

대안은 문제를 해결하기 위해 제시하는 선택 가능한 방법이나 아이디어를 의미하며, 해결책은 대안을 실행하여 문제를 해결하는 구체적인 방안을 뜻한다. 대안과 해결책을 제시하면 글의 설득력이 높아지고, 독자가 현실적인 방향성을 이해할 수 있다.

① 책 제시의 중요성

문제 해결의 가능성 제공: 단순히 문제를 나열하는 것에 그치지 않고, 구체적인 해결 방안을 제시함으로써 독자에게 희망을 준다.

설득력 강화: 실현 가능한 대안을 통해 독자가 글쓴이의 주장을 더 신뢰하게 만든다.

행동 촉구: 독자가 직접 참여하거나 변화를 시도할 동기를 제공한다.

② 대안과 해결책 제시 방법

① 현실적인 대안 제시
실행 가능하고 문제 해결에 직접 기여할 수 있는 대안을 제시한다.

"환경 보호를 위해 대중교통 이용을 장려하고 재활용 정책을 강화해야 한다."
Để bảo vệ môi trường, cần khuyến khích sử dụng phương tiện giao thông công cộng và tăng cường chính sách tái chế.

② 장점과 단점 분석
각 대안의 장단점을 설명하여 독자가 대안을 객관적으로 평가할 수 있도록 돕는다.

"태양광 에너지는 환경에 미치는 영향을 줄이는 장점이 있지만 초기 설치 비용이 높다는 단점이 있다."
Năng lượng mặt trời có lợi thế giảm tác động đến môi trường nhưng nhược điểm là chi phí lắp đặt ban đầu cao.

③ 구체적인 해결책 제시
대안을 실행할 수 있는 구체적인 방안을 제시한다.

"정부는 대중교통 요금을 낮추고 기업은 직원들에게 대중교통 이용을 장려하는 인센티브를 제공해야 한다."
Chính phủ cần giảm giá vé phương tiện giao thông công cộng, và các công ty cần khuyến khích nhân viên sử dụng phương tiện công cộng bằng cách cung cấp các ưu đãi.

④ 단계적 실행 방안 제시
문제 해결의 단계를 구체적으로 나누어 설명한다.

"첫째, 학교에서는 재활용 교육을 강화한다. 둘째, 지역 사회는 재활용 캠페인을 확대한다. 마지막으로, 정부는 재활용 시설을 확충한다."
Đầu tiên, các trường học tăng cường giáo dục tái chế. Thứ hai, cộng đồng mở rộng các chiến dịch tái chế. Cuối cùng, chính phủ mở rộng cơ sở tái chế.

③ 대안과 해결책의 예

① 환경 문제
문제: 플라스틱 쓰레기 증가.
대안: 플라스틱 사용을 줄이는 규제 도입.
해결책:
플라스틱 제품에 추가 세금을 부과한다.
친환경 대체품을 사용하는 기업에 세제 혜택을 제공한다.
Ví dụ về vấn đề môi trường:
Vấn đề: Gia tăng rác thải nhựa.

Phương án thay thế: Áp dụng quy định giảm sử dụng nhựa.

Giải pháp:

Áp thuế bổ sung cho các sản phẩm nhựa.

Cung cấp ưu đãi thuế cho các công ty sử dụng sản phẩm thay thế thân thiện với môi trường.

② 사회 문제

문제: 도시 교통 체증.

대안: 대중교통 인프라 개선.

해결책:

새로운 지하철 노선을 추가한다.

자전거 공유 프로그램을 도입한다.

Ví dụ về vấn đề xã hội:

Vấn đề: Tắc nghẽn giao thông đô thị.

Phương án thay thế: Cải thiện cơ sở hạ tầng giao thông công cộng.

Giải pháp:

Bổ sung các tuyến tàu điện ngầm mới.

Triển khai chương trình chia sẻ xe đạp.

③ 교육 문제

문제: 교육 격차 확대.

대안: 온라인 학습 플랫폼 도입.

해결책:

모든 학생에게 무료로 접근 가능한 온라인 강의를 제공한다.

교사들에게 온라인 강의 제작을 위한 훈련을 지원한다.

Ví dụ về vấn đề giáo dục:

Vấn đề: Gia tăng khoảng cách giáo dục.

Phương án thay thế: Áp dụng nền tảng học trực tuyến.

Giải pháp:

Cung cấp các khóa học trực tuyến miễn phí cho tất cả học sinh.

Hỗ trợ giáo viên đào tạo để tạo nội dung học trực tuyến.

④ 대안과 해결책 제시 시 주의점

① 실현 가능성을 고려하라
제시된 대안과 해결책이 현실적이고 실행 가능해야 한다.

"모든 국가에서 탄소 배출을 즉각 중단해야 한다." → 비현실적

Tất cả các quốc gia phải ngay lập tức ngừng phát thải khí carbon.
→ Không thực tế

"점진적으로 재생 가능 에너지 비율을 50%까지 확대해야 한다." → 실현 가능

Tăng dần tỷ lệ năng lượng tái tạo lên 50%. → Khả thi

② 구체적이고 명확한 방안을 제시하라
모호한 대안은 독자의 신뢰를 얻기 어렵다.

"환경 문제를 해결하기 위해 노력해야 한다." → 모호

Cần nỗ lực để giải quyết vấn đề môi trường. → Mơ hồ

"재활용 프로그램을 강화하고 일회용품 사용을 30% 줄여야 한다." → 구체적

Tăng cường chương trình tái chế và giảm 30% việc sử dụng đồ
dùng một lần. → Cụ thể

③ 장단점의 균형을 유지하라
대안의 한계도 함께 설명하여 공정성을 유지한다.

"전기차로 전환하면 탄소 배출이 줄어든다." → 일방적

Chuyển sang xe điện sẽ giảm phát thải carbon. → Phiến diện

"전기차는 탄소 배출을 줄일 수 있지만, 배터리 생산 과정에서 환경에 영향을 미칠 수 있다." → 균형 유지

Xe điện có thể giảm phát thải carbon, nhưng quá trình sản xuất pin có thể ảnh hưởng đến môi trường. → Cân bằng

---

정리 (Tóm tắt)

• 대안과 해결책 제시 방법 Cách đề xuất phương án và giải pháp

현실적인 대안 제시

Đưa ra giải pháp thực tế

장점과 단점 분석

Phân tích ưu và nhược điểm

구체적인 해결책 제시

Đề xuất giải pháp cụ thể

단계적 실행 방안 제시

Đưa ra kế hoạch thực hiện từng bước

• 대안과 해결책 제시 시 주의할 점 Những lưu ý khi đề xuất phương án và giải pháp

실현 가능성을 고려하라

Xem xét tính khả thi

구체적이고 명확한 방안을 제시하라

Đưa ra giải pháp cụ thể và rõ ràng

장단점의 균형을 유지하라

Duy trì sự cân bằng giữa ưu và nhược điểm

1 사회 현상에 대한 주장

사회 현상에 대한 주장은 우리가 일상에서 관찰할 수 있는 특정 현상에 대해 자신의 의견을 논리적으로 표현하고, 이에 대한 분석과 해결책을 제시하는 글쓰기이다. 이러한 주제는 독자가 공감하기 쉬운 구체적인 사례를 중심으로 다루어진다.

1 사회 현상에 대한 주장하기의 특징

현실과의 밀접성: 사회 현상은 독자가 쉽게 이해하고 공감할 수 있는 주제를 다룬다.

분석과 해결 중심: 현상에 대한 원인과 결과를 분석하고 실질적인 해결책을 제시한다.

일상생활의 적용: 주장과 근거가 독자의 실제 경험과 연관될 때 설득력이 높아진다.

2 사회 현상에 대한 주장하기의 구조

① 현상의 설명과 문제 제기

주장을 시작하기 전에 해당 사회 현상이 무엇이며, 왜 중요한 문제로 다뤄져야 하는지 설명한다.

"최근 몇 년간 과도한 스마트폰 사용으로 인한 '디지털 중독' 문제가 사회적 관심사가 되었다."

Trong vài năm gần đây, vấn đề 'nghiện kỹ thuật số' do sử dụng điện thoại thông minh quá mức đã trở thành mối quan tâm của xã hội.

② 주장 제시
글쓴이의 관점을 명확히 전달한다.

"디지털 중독 문제를 해결하기 위해, 스마트폰 사용 시간을 제한하는 제도가
필요하다."
　　Để giải quyết vấn đề nghiện kỹ thuật số, cần có quy định giới hạn
thời gian sử dụng điện thoại thông minh.

③ 근거와 사례 제시
현상의 원인과 결과를 분석하고 주장을 뒷받침할 수 있는 근거를 제시한다.

"한 연구에 따르면, 스마트폰을 하루 5시간 이상 사용하는 사람들은 우울증
위험이 70% 증가한다."
　　Theo một nghiên cứu, những người sử dụng điện thoại thông minh
hơn 5 giờ mỗi ngày có nguy cơ trầm cảm tăng 70%.

④ 반론과 재반박
반대 의견을 고려하고 이에 대한 논리적 반박을 제시한다.

"일부는 스마트폰 사용이 필수적이라고 주장할 수 있다. 그러나 사용 시간을
조절하면 기술의 이점은 그대로 유지하면서 부정적인 영향을 줄일 수 있다."
　　Một số người có thể cho rằng việc sử dụng điện thoại thông minh
là cần thiết. Tuy nhiên, nếu kiểm soát thời gian sử dụng, có thể duy
trì lợi ích của công nghệ mà giảm thiểu tác động tiêu cực.

⑤ 해결책 제시

구체적인 해결 방안을 제시하며 글을 마무리한다.

"학교와 직장에서 디지털 디톡스 캠페인을 도입하고, 가족 단위에서 스마트
폰 없는 시간을 정하는 노력이 필요하다."

　　Cần triển khai các chiến dịch 'cai nghiện kỹ thuật số' tại trường
học và nơi làm việc, đồng thời khuyến khích các gia đình dành thời
gian không sử dụng điện thoại.

③ 사회 현상 주장 예

① 디지털 중독

문제: 과도한 스마트폰 사용으로 인해 사회적 상호작용 감소 및 건강 문제
증가.

　주장: "스마트폰 사용 시간을 제한해야 한다."

　근거: "스마트폰 과사용은 수면 부족과 스트레스를 유발한다는 연구 결과가
있다."

　해결책: "학교와 직장에서 사용 시간을 제한하는 규정을 마련한다."

② 온라인 학대 (사이버 불링)

문제: SNS와 온라인 플랫폼에서의 괴롭힘 증가.

　주장: "사이버 불링 방지를 위한 강력한 법적 규제가 필요하다."

　근거: "피해자의 60%가 심리적 외상을 경험했다는 통계가 있다."

　해결책: "정부는 사이버 불링 예방 교육을 강화하고 피해자 지원 시스템을
확대해야 한다."

③ 일회용품 사용 증가

문제: 일회용품 사용으로 인한 환경 오염 심화.

주장: "일회용품 사용을 줄이기 위한 정책이 필요하다."
근거: "한 해 동안 발생하는 플라스틱 쓰레기의 50%가 일회용품에서 나온다."
해결책: "일회용품 세금을 부과하고, 재활용 가능한 대체품을 제공해야 한다."

④ 주의할 점

구체적인 사례 사용: 독자가 쉽게 이해할 수 있도록 실생활과 관련된 예를 들어야 한다.
객관적인 근거 제공: 통계나 연구 결과를 통해 주장의 신뢰성을 높여야 한다.
균형 있는 논의: 현상의 긍정적, 부정적 측면을 균형 있게 다루어야 한다.

② 경제 현상에 대한 주장

경제 현상에 대한 주장은 국가, 지역 또는 개인 경제에 영향을 미치는 특정 사건이나 추세에 대해 자신의 관점을 논리적으로 제시하는 글쓰기이다. 이러한 주제는 독자에게 현실 경제 문제를 이해시키고, 해결책이나 정책을 제안하는 데 중점을 둔다.

① 경제 현상에 대한 주장하기의 특징

구체적인 데이터 기반: 경제 현상은 객관적인 통계와 데이터를 활용하여 설명한다.
현실 문제 중심: 현실에서 영향을 미치는 경제적 문제를 다룬다.
정책적 제안 포함: 해결책이나 정책 방향을 제시한다.

② **경제 현상에 대한 주장하기의 구조**

① **현상의 설명과 문제 제기**
경제 현상이 무엇인지, 왜 중요한 문제로 다뤄져야 하는지 설명한다.

"최근 몇 년간 물가 상승률이 급격히 증가하면서 생활비 부담이 커지고 있다."
Trong những năm gần đây, tỷ lệ lạm phát tăng nhanh làm tăng gánh nặng chi phí sinh hoạt.

② **주장 제시**
글쓴이의 관점을 명확히 전달한다.

"정부는 물가 안정화를 위해 금리를 조정하고 사회적 지원을 확대해야 한다."
Chính phủ cần điều chỉnh lãi suất và mở rộng hỗ trợ xã hội để ổn định giá cả.

③ **근거와 사례 제시**
현상의 원인과 결과를 분석하고 주장을 뒷받침할 수 있는 근거를 제시한다.

"세계은행 보고서에 따르면, 물가 상승은 소득의 30% 이상을 소비로 사용하도록 강요한다."
Theo báo cáo của Ngân hàng Thế giới, lạm phát buộc người dân sử dụng hơn 30% thu nhập cho chi tiêu.

④ **반론과 재반박**
반대 의견을 고려하고 이에 대한 논리적 반박을 제시한다.

"일부는 금리 인상이 경제 성장에 부정적인 영향을 미칠 수 있다고 주장한다. 그러나 물가 상승을 억제하지 않으면 경제적 불평등이 심화될 위험이 크다."

Một số người cho rằng việc tăng lãi suất có thể ảnh hưởng tiêu cực đến tăng trưởng kinh tế. Tuy nhiên, nếu không kiểm soát lạm phát, nguy cơ bất bình đẳng kinh tế sẽ gia tăng.

⑤ 해결책 제시
구체적인 해결 방안을 제시하며 글을 마무리한다.

"물가 안정을 위해 정부는 중소기업 지원과 에너지 가격 통제를 포함한 종합적인 경제 정책을 시행해야 한다."
Để ổn định giá cả, chính phủ cần thực hiện các chính sách kinh tế tổng thể, bao gồm hỗ trợ doanh nghiệp nhỏ và kiểm soát giá năng lượng.

③ **경제 현상 주장 예**

① 물가 상승 (인플레이션)
문제: 생활비 상승으로 저소득층이 큰 부담을 겪고 있다.
주장: "물가 안정화를 위한 금리 조정과 복지 정책이 필요하다."
근거: "세계은행 보고서에 따르면, 물가 상승은 소비 지출 비율을 30% 이상 증가시킨다."
해결책: "정부는 금리를 조정하고, 저소득층을 위한 긴급 지원금을 제공해야 한다."

② 일자리 감소
문제: 기술 발전과 자동화로 인해 전통적인 일자리가 줄어들고 있다.
주장: "정부는 새로운 산업과 일자리 창출을 위한 정책을 마련해야 한다."
근거: "OECD 보고서에 따르면, 자동화로 인해 기존 직업의 14%가 사라질 위험이 있다."
해결책: "정부는 직업 전환 교육 프로그램을 도입하고, 스타트업 지원 정책

을 확대해야 한다."

③ 소득 불평등 심화

문제: 부유층과 저소득층 간의 소득 격차가 확대되고 있다.

주장: "소득 재분배 정책이 필요하다."

근거: "IMF 연구에 따르면, 소득 격차가 커질수록 경제 성장이 둔화된다."

해결책: "누진세를 강화하고, 사회적 약자를 위한 복지 지원을 확대해야 한다."

④ 주의할 점

데이터와 통계 활용: 경제 현상은 객관적 데이터를 통해 주장을 강화해야 한다.

현실적인 해결책 제시: 실행 가능한 정책과 대안을 제안해야 한다.

균형 잡힌 시각 제공: 긍정적, 부정적 측면을 모두 고려하여 신뢰를 높인다.

③ 환경 문제에 대한 주장

환경 문제에 대한 주장은 지구 환경에 영향을 미치는 특정 문제에 대해 자신의 의견을 논리적으로 제시하고, 이를 해결하거나 완화하기 위한 방안을 제안하는 글쓰기이다. 환경 문제는 글로벌 차원의 중요한 이슈로, 독자의 행동을 촉구하고 공익을 강조하는 데 중점을 둔다.

① 환경 문제에 대한 주장하기의 특징

공익성과 시급성 강조: 환경 문제는 전 지구적으로 영향을 미치며, 즉각적인 해결책이 요구된다.

구체적인 근거 제공: 과학적 데이터, 연구 결과, 사례 등을 통해 주장을 뒷받침한다.

행동 촉구: 독자가 실천 가능한 해결 방안을 제안한다.

① 문제 설명과 중요성 강조
문제가 무엇인지, 그리고 왜 중요한지 독자에게 설명한다.

"지구 온난화는 생태계를 파괴하고, 인간의 생존에 심각한 위협을 가하고 있다."
Biến đổi khí hậu đang phá hủy hệ sinh thái và đe dọa nghiêm trọng đến sự sống còn của con người.

② 주장 제시
글쓴이의 관점을 명확히 전달한다.

"탄소 배출을 줄이기 위해, 재생 가능 에너지를 적극적으로 사용해야 한다."
Để giảm khí thải carbon, cần tích cực sử dụng năng lượng tái tạo.

③ 근거와 사례 제시
논리적 이유와 구체적인 데이터를 통해 주장을 뒷받침한다.

"UN 보고서에 따르면, 전 세계 온실가스 배출량의 70%가 화석 연료 사용에서 발생한다."
Theo báo cáo của Liên Hợp Quốc, 70% lượng khí thải nhà kính trên toàn cầu xuất phát từ việc sử dụng nhiên liệu hóa thạch.

④ 반론과 재반박
반대 의견을 고려하고 이에 대한 논리적 반박을 제시한다.

"일부는 재생 가능 에너지가 경제적 비용이 높다고 주장한다. 그러나 태양광 발전 비용은 지난 10년간 80% 이상 감소했다."

Một số người cho rằng năng lượng tái tạo có chi phí cao. Tuy nhiên, chi phí phát điện mặt trời đã giảm hơn 80% trong 10 năm qua.

⑤ 해결책 제시
구체적이고 실현 가능한 해결 방안을 제시하며 글을 마무리한다.

"정부는 재생 가능 에너지 인프라에 투자하고, 시민들은 에너지 절약과 재활용을 실천해야 한다."
Chính phủ cần đầu tư vào cơ sở hạ tầng năng lượng tái tạo và người dân cần thực hành tiết kiệm năng lượng và tái chế.

③ 환경 문제 주장 예

① 플라스틱 쓰레기
• 주장: "플라스틱 사용을 줄이고 재활용을 의무화해야 한다."
• 근거
데이터: "매년 800만 톤의 플라스틱이 바다에 버려지고 있다."
Mỗi năm, khoảng 8 triệu tấn nhựa bị đổ ra đại dương.
사례: "플라스틱으로 인해 매년 100만 마리 이상의 해양 동물이 죽어간다."
Hơn 1 triệu sinh vật biển chết mỗi năm do nhựa.
해결책: "플라스틱 제품에 추가 세금을 부과하고, 재활용 가능한 대체품을 활성화해야 한다."
Áp dụng thuế bổ sung cho các sản phẩm nhựa và khuyến khích sử dụng sản phẩm thay thế có thể tái chế.

② 삼림 벌채
• 주장: "삼림 벌채를 줄이고 재조림을 확대해야 한다."
• 근거

데이터: "세계에서 매년 1,000만 헥타르의 숲이 사라지고 있다."

Hàng năm, thế giới mất đi 10 triệu hecta rừng.

사례: "아마존 열대우림의 손실은 전 지구적 탄소 흡수 능력을 크게 감소시킨다."

Việc mất rừng nhiệt đới Amazon làm giảm đáng kể khả năng hấp thụ carbon toàn cầu.

해결책: "재조림 프로그램에 투자하고, 불법 벌목을 엄격히 단속해야 한다."

Đầu tư vào chương trình trồng rừng và kiểm soát chặt chẽ việc khai thác gỗ bất hợp pháp.

③ 기후 변화

• 주장: "온실가스 배출을 줄이고, 지속 가능한 에너지 사용으로 전환해야 한다."

• 근거

데이터: "기후 변화는 해수면 상승을 가속화하여, 2050년까지 수백만 명의 사람들이 피해를 입을 것이다."

Biến đổi khí hậu đẩy nhanh mực nước biển dâng cao, dự kiến ảnh hưởng đến hàng triệu người vào năm 2050.

사례: "북극의 얼음이 지난 20년 동안 약 40% 줄어들었다."

Băng ở Bắc Cực đã giảm khoảng 40% trong 20 năm qua.

해결책: "국제 협력을 통해 온실가스 배출을 줄이고, 지속 가능한 농업과 에너지 정책을 채택해야 한다."

Hợp tác quốc tế để giảm khí thải nhà kính và áp dụng các chính sách nông nghiệp và năng lượng bền vững.

④ 주의할 점

데이터와 과학적 근거 활용: 객관적이고 신뢰할 수 있는 데이터를 사용해야 한다.

행동 촉구 강조: 독자가 실천 가능한 구체적인 행동 방안을 제시한다.

긍정적 메시지 전달: 문제 해결의 가능성과 미래의 긍정적인 변화를 강조한다.

④ 문화 현상에 대한 주장

문화 현상에 대한 주장은 특정 문화적 변화나 추세에 대해 자신의 관점을 제시하고 이를 분석하거나 개선 방향을 논의하는 글쓰기이다. 문화 현상은 전통과 현대, 지역과 세계를 연결하는 주제이므로 독자에게 공감과 흥미를 유발하는 데 효과적이다.

① 문화 현상에 대한 주장하기의 특징

사회와의 연결성: 문화 현상은 개인의 삶과 사회적 배경을 반영하며, 독자의 관심과 공감을 얻기 쉽다.

다양한 관점 수용: 문화 현상은 주관적일 수 있으므로 다양한 시각과 의견을 고려해야 한다.

변화와 지속 가능성 논의: 전통의 보존과 현대화, 글로벌화와 지역화의 균형을 논의할 수 있다.

② 문화 현상에 대한 주장하기의 구조

① 현상의 설명과 중요성 강조

해당 문화 현상을 정의하고, 그 중요성과 사회적 영향을 설명한다.

"한류는 전 세계적으로 한국 문화를 알리는 중요한 역할을 하고 있으며, 문화적 교류를 증진시키고 있다."

Làn sóng Hàn Quốc (Hallyu) đóng vai trò quan trọng trong việc giới thiệu văn hóa Hàn Quốc ra toàn cầu và thúc đẩy giao lưu văn hóa.

② 주장 제시

글쓴이의 관점을 명확히 전달한다.

"한류의 지속 가능성을 위해 다양한 문화 콘텐츠와 언어 교육을 확대해야 한다."

Để duy trì làn sóng Hàn Quốc, cần mở rộng nội dung văn hóa đa dạng và giáo dục ngôn ngữ.

③ 근거와 사례 제시

구체적인 사례와 데이터를 활용하여 주장을 뒷받침한다.

"2022년, K-드라마는 전 세계적으로 100개 이상의 국가에서 스트리밍되며 1억 명 이상의 시청자를 기록했다."

Năm 2022, phim truyền hình Hàn Quốc được phát trực tuyến tại hơn 100 quốc gia trên toàn cầu, thu hút hơn 100 triệu người xem.

④ 반론과 재반박

반대 의견을 고려하고 이에 대한 논리적 반박을 제시한다.

"일부는 한류가 지나치게 상업적이라고 비판하지만 이는 문화 산업이 지속 가능하게 성장하기 위한 필수적인 과정이다."

Một số người cho rằng Hallyu quá thương mại hóa, nhưng đây là quá trình cần thiết để ngành công nghiệp văn hóa phát triển bền vững.

⑤ 해결책 제시

문제를 해결하거나 현상을 발전시키기 위한 구체적인 방안을 제시하며 글을 마무리한다.

"한국 정부는 K-콘텐츠를 지원하는 동시에, 전통문화와의 균형을 맞추는 정책을 수립해야 한다."

Chính phủ Hàn Quốc cần hỗ trợ nội dung K-culture, đồng thời xây dựng các chính sách cân bằng với văn hóa truyền thống.

③ 문화 현상 주장 예

① 한류 (Hallyu)
문제: 한류 콘텐츠의 지속 가능성 부족.
주장: "한류의 다양성과 품질을 유지하기 위해 문화 콘텐츠 제작을 지원해야 한다."
근거: "K-콘텐츠는 2022년에만 10억 달러 이상의 수출을 기록하며 경제적, 문화적 영향을 확대하고 있다."
해결책: "정부는 콘텐츠 창작자에게 인센티브를 제공하고, 해외 팬들을 위한 한국어 교육 프로그램을 강화해야 한다."

② 전통문화의 현대화
문제: 전통문화의 보존과 현대화 사이의 갈등.
주장: "전통문화를 현대적으로 해석하여 대중에게 친숙하게 만들어야 한다."
근거: "한복은 현대 패션과 결합하여 글로벌 패션 시장에서 주목받고 있다."
해결책: "디자이너와 협력하여 전통 의상과 현대 패션을 융합한 상품을 개발해야 한다."

③ 문화적 다원주의 증가
문제: 다문화 사회에서 문화 충돌 발생.
주장: "문화 간 소통과 이해를 증진하기 위한 프로그램이 필요하다."
근거: "다문화 교육을 받은 학생들이 사회적 수용성과 협력 능력이 더 높다는 연구 결과가 있다."
해결책: "학교와 지역 사회에서 다문화 교육과 행사를 정기적으로 개최해야 한다."

④ **주의할 점**

다양한 관점을 존중: 문화 현상은 민감할 수 있으므로 다양한 시각을 고려해야 한다.

구체적이고 실현 가능한 대안 제시: 독자가 공감하고 실천할 수 있는 방안을 포함해야 한다.

균형 잡힌 논의: 전통과 현대, 지역과 글로벌의 균형을 유지해야 한다.

주장문 연습 (Luyện tập viết bài lập luận)

주장문에서 사용하는 표현은 글쓴이의 의견을 효과적으로 전달하고, 독자가 이를 이해하고 공감하도록 돕는 데 중요한 역할을 한다. 주장문은 단순히 자신의 의견을 서술하는 것에 그치지 않고 논리적이고 설득력 있는 언어를 사용해야 한다.

1 주장문 표현 연습

① 도입부 표현 연습
도입부는 글의 주제를 소개하고 독자의 관심을 끌어야 한다.

주제 소개:
"현대 사회에서 ___은/는 중요한 이슈로 부각되고 있다."
"오늘날 ___ 문제는 많은 사람들에게 영향을 미치고 있다."
Trong xã hội hiện đại, ___ nổi lên như một vấn đề quan trọng.
Ngày nay, vấn đề ___ đang ảnh hưởng đến nhiều người.

② 주장 제시 표현 연습
글쓴이의 주장을 명확히 전달하는 표현을 연습한다.

주장 제시:
"나는 ___을/를 지지한다."
"___ 문제를 해결하기 위해 ___이/가 필요하다."
Tôi ủng hộ ___.
Để giải quyết vấn đề ___, cần phải có ___.

③ 근거와 이유 제시 표현 연습
주장을 뒷받침할 논리적 이유와 근거를 제시하는 표현을 연습한다.

근거 제시:
"첫째, ___은/는 ___ 때문이다."
"둘째, 연구에 따르면, ___이/가 ___에 긍정적인 영향을 미친다."
Thứ nhất, ___ là do ___.
Thứ hai, theo nghiên cứu, ___ có ảnh hưởng tích cực đến __.

④ 반론과 재반박 표현 연습
반대 의견에 대응하는 표현을 연습한다.

반론:
"일부 사람들은 ___이/가 문제가 될 수 있다고 주장한다."
Một số người cho rằng ___ có thể gây ra vấn đề.
재반박:
"그러나 이는 ___을/를 통해 충분히 해결 가능하다."
Tuy nhiên, điều này có thể được giải quyết thông qua __.

⑤ 결론 표현 연습
글을 마무리하며 주장을 다시 강조하고 독자의 행동을 촉구한다.

결론 제시:
"결론적으로, ___ 문제를 해결하기 위해 ___이/가 필요하다."
"앞으로 ___에 대한 지속적인 관심과 노력이 요구된다."
Kết luận, để giải quyết vấn đề ___, cần phải có __.
Trong tương lai, cần có sự quan tâm và nỗ lực liên tục đối với __.

② 주장문 작성 연습

> **연습문제 1** 플라스틱 쓰레기 문제

주제 정의:

"플라스틱 쓰레기 문제는 환경 오염의 주요 원인 중 하나로, 해양 생태계를 위협하고 있다."

Vấn đề rác thải nhựa là một trong những nguyên nhân chính gây ô nhiễm môi trường, đe dọa hệ sinh thái biển.

주장:

"플라스틱 사용을 줄이고 재활용을 의무화해야 한다."

Cần giảm sử dụng nhựa và bắt buộc tái chế.

근거:

"매년 800만 톤의 플라스틱이 바다로 유입되고 있다."

Hàng năm, 8 triệu tấn nhựa bị đổ ra biển.

"플라스틱 폐기물은 매년 1백만 마리 이상의 해양 동물을 죽게 만든다."

Rác thải nhựa giết chết hơn 1 triệu sinh vật biển mỗi năm.

결론:

"정부는 플라스틱 사용을 제한하는 법안을 마련하고, 재활용 인프라를 확충해야 한다."

Chính phủ cần ban hành luật hạn chế sử dụng nhựa và mở rộng cơ sở hạ tầng tái chế.

주제 정의:

"기후 변화는 지구 평균 기온 상승과 이상 기후 현상이 나타나는 문제이다."

Biến đổi khí hậu là vấn đề liên quan đến sự gia tăng nhiệt độ trung bình của Trái đất và các hiện tượng thời tiết cực đoan.

주장:

"온실가스 배출을 줄이고 재생 가능 에너지로 전환해야 한다."

Cần giảm khí thải nhà kính và chuyển đổi sang năng lượng tái tạo.

근거:

"북극의 빙하가 20년 동안 약 40% 감소했다."

Băng ở Bắc Cực đã giảm khoảng 40% trong 20 năm qua.

"기후 변화는 2050년까지 수백만 명의 이주민을 발생시킬 수 있다."

Biến đổi khí hậu có thể khiến hàng triệu người phải di cư vào năm 2050.

결론:

"국제 협력을 통해 지속 가능한 에너지 사용 정책을 강화해야 한다."

Cần tăng cường chính sách sử dụng năng lượng bền vững thông qua hợp tác quốc tế.

대중교통 활성화

주제 정의:

"대중교통 활성화는 교통 체증과 환경 문제를 해결하기 위한 효과적인 방안이다."

Thúc đẩy giao thông công cộng là giải pháp hiệu quả để giải quyết vấn đề tắc nghẽn giao thông và môi trường.

주장:

"대중교통 이용을 장려하기 위한 인프라 개선이 필요하다."

Cần cải thiện cơ sở hạ tầng để khuyến khích sử dụng giao thông công cộng.

근거:

"서울은 대중교통 전용 차선 도입 후 교통 체증이 25% 감소했다."

Seoul giảm 25% tắc nghẽn giao thông sau khi áp dụng làn đường riêng cho giao thông công cộng.

"대중교통은 개인 차량보다 70% 적은 에너지를 소비한다."

Giao thông công cộng tiêu thụ ít năng lượng hơn 70% so với xe cá nhân.

결론:

"정부는 대중교통 전용 차선을 확대하고 요금 지원 정책을 시행해야 한다."

Chính phủ cần mở rộng làn đường dành riêng cho giao thông công cộng và thực hiện chính sách hỗ trợ giá vé.

연습문제 4 　교육 격차 문제

주제 정의:

"교육 격차는 학생 간 학습 기회와 자원의 불평등을 나타내는 문제이다."

Sự chênh lệch giáo dục là vấn đề liên quan đến sự bất bình đẳng trong cơ hội và tài nguyên học tập giữa các học sinh.

주장:

"모든 학생에게 평등한 교육 기회를 제공해야 한다."

Cần cung cấp cơ hội giáo dục bình đẳng cho tất cả học sinh.

근거:

"평등한 교육은 사회적 이동성을 높이고 경제 성장을 촉진한다."

Giáo dục bình đẳng nâng cao sự dịch chuyển xã hội và thúc đẩy tăng trưởng kinh tế.

"공정한 교육을 받은 학생들이 더 높은 고용률을 기록했다."

Học sinh nhận được giáo dục công bằng có tỷ lệ việc làm cao hơn.

결론:

"정부는 저소득층 학생을 위한 장학금과 교육 지원 프로그램을 확대해야 한다."

Chính phủ cần mở rộng học bổng và chương trình hỗ trợ giáo dục cho học sinh có thu nhập thấp.

| 저자 소개

　저자 임태운은 전남대학교 국어국문학과에서 한국어교육 전공으로 박사과정을 졸업했으며, 현재 남부대학교 한국어학과 교수로서 한국어교육을 연구하며 강의하고 있다.

　학생들에게 외국어 학습은 어렵지만 꾸준히 노력하면 반드시 성과를 거둘 수 있다고 격려하며 지도한다. 그리고 효과적인 한국어교육 방법과 외국어 학습 전략을 연구하고 있다.

　베트남 문화에 대한 깊은 애정을 가지고 있어, 기회가 될 때마다 베트남을 방문하며 현지의 언어와 문화를 직접 경험하는 것을 소중하게 생각한다. 현지에서 베트남어를 배우며 베트남 사람들의 생활 방식에 대한 이해를 넓혀 가고 있다. 베트남 사람들은 따뜻하고 친절하며 정이 많아 만날 때마다 새로운 배움을 얻는다. 베트남 음식을 즐기면서 현지의 문화를 체험하고 한국어와 베트남어 학습자 간의 소통과 이해를 넓힐 수 있는 교육 방안을 고민하고 있다.

　저자 한승규는 연세대학교 국어국문학과에서 한국어교육 전공으로 박사과정을 졸업하고 현재 호남대학교 AI교양대학에서 교수로 글쓰기 강의를 하고 있다. 학생들에게 글쓰기는 어렵지만, 안 하면 더 어렵다는 조언을 건네며 자신도 어려워하는 글쓰기를 가르친다. 인공지능 시대에 인간이 글을 써야 하는 이유를 고민하는 것도 그의 일이다.

　글쓰기는 단순한 기술이 아니라 사고를 정리하고 표현하는 과정이라고 가르치며 학생들이 더 나은 글을 쓸 수 있도록 돕고 있다. 인공지능이 빠르게 글을 생성하는 시대에 기계적으로 문법에 맞춘 글이 아니라 자신의 생각을 세상과 공유하는 방법을 가르치고자 한다.

　무엇보다 베트남 문화를 사랑하는 마음이 커서 기회가 될 때마다 베트남을 찾는다. 현지의 길거리를 걸으며 사람들이 생활하는 모습을 보고 쌀국수 한 그릇이 논문 한 편보다 많은 걸 가르쳐 준다는 깨달음을 얻었다. 저자는 그렇게 다른 문화의 연결고리를 찾는 여정을 계속하고 있다.

감수 응웬티꾸잉안은 경희대학교 국어국문학과에서 한국어학 전공으로 박사과정을 졸업하고 현재 광주여자대학교 한국어과 교수로서 한국어를 가르치고 연구하고 있다.

한국에서 유학한 선배로서 한국어 공부와 한국 생활에 어려움을 겪는 학생들의 마음을 누구보다 잘 이해하고, 그 어려움을 극복할 수 있도록 따뜻한 조언과 격려를 아끼지 않고 있다.

한국어 배우기는 어쩌면 쉽게 시작할 수 있을지도 모른다. 하지만 한국어로 자기의 의사를 정확하고 적절하게 표현하는 것은 결코 쉽지 않다. 엄청난 노력과 시간 투자가 필요하며, 모든 과정이 첫걸음부터 다시 시작하는 것처럼 느껴질 때도 있을 것이다. 그럴 때일수록 한국어의 기본적인 특징부터 제대로 알아야 한다. 기초가 탄탄해야 흔들림 없이 나아갈 수 있는 것처럼 한국어의 기본을 잘 다져야 한국어로 멋지게 표현할 수 있게 된다. 학생들이 한국어 속에 숨겨진 아름다움을 발견하고, 그 아름다움을 통해 한국어를 더욱 깊이 이해하고 사랑할 수 있도록 노력하고 있다.

실력이 쑥쑥, 베트남 학생과 함께하는 한국어 글쓰기

초판발행	2024년 12월 31일
지은이	임태운·한승규
펴낸이	안종만·안상준
편 집	김다혜
기획/마케팅	박부하
표지디자인	BEN STORY
제 작	고철민·김원표
펴낸곳	㈜ 박영사
	서울특별시 금천구 가산디지털2로 53, 210호(가산동, 한라시그마밸리)
	등록 1959. 3. 11. 제300-1959-1호(倫)
전 화	02)733-6771
f a x	02)736-4818
e-mail	pys@pybook.co.kr
homepage	www.pybook.co.kr
ISBN	979-11-303-2233-9 93710

* 파본은 구입하신 곳에서 교환해 드립니다. 본서의 무단복제행위를 금합니다.

정 가   21,000원